AI 시대 필수템, 나다움의 힘
나는 나일 뿐입니다

AI 시대 필수템, 나다움의 힘
나는 나일 뿐입니다

초판 1쇄 발행 2024년 2월 8일

지은이 우정희
펴낸이 장길수
펴낸곳 지식과감성#
출판등록 제2012-000081호

교정 이주희
디자인 강샛별
편집 서혜인
검수 김지원, 정윤솔
마케팅 김윤길, 정은혜

주소 서울시 금천구 벚꽃로298 대륭포스트타워6차 1212호
전화 070-4651-3730~4
팩스 070-4325-7006
이메일 ksbookup@naver.com
홈페이지 www.knsbookup.com

ISBN 979-11-392-1603-5(03810)
값 16,700원

• 이 책의 판권은 지은이에게 있습니다.
• 이 책 내용의 전부 또는 일부를 재사용하려면 반드시 지은이의 서면 동의를 받아야 합니다.
• 잘못된 책은 구입하신 곳에서 바꾸어 드립니다.

지식과감성#
홈페이지 바로가기

AI 시대 필수템, 나다움의 힘
나는 나일 뿐입니다

우정희 지음

"내 이야기를 통해 누군가에게
'희망'과 '변화'라는 메시지가 전달되면 좋겠다."

추천사

나는 수많은 이들에게 글쓰기의 힘과 그 아름다움을 전해 왔다. 이 책의 저자인 우정희 작가는 그중에서도 특별하다. 이 책을 통해 그가 얼마나 깊은 고뇌와 힘든 시간을 겪었는지 그리고 그것을 어떻게 이겨 내고 자신만의 길을 찾아갔는지를 목격하게 될 것이다.

『AI 시대 필수템, 나다움의 힘: 나는 나일뿐입니다』는 단순한 개인의 이야기를 넘어서 우리 모두의 삶, 그 안에서의 고민과 갈등, 그리고 해결에 대한 귀중한 가이드라인을 제시한다.

우정희 작가는 이 책을 통해 그림자 속의 자신을 감내하고, 마흔의 거울 앞에서의 자기 발견의 여정, 그리고 오늘의 나를 위한 조언으로 미래를 초대하는 깊은 통찰을 공유한다. 이 책에서 나는 희망의 메시지를 엿볼 수 있었다.

우정희 작가의 서사는 우리에게 심도 있는 안목과 지혜를 선사한다. 자신만의 '나다움'을 찾아내고, 삶의 진정한 의미를 발견하고 싶은 모든 이들에게 이 책을 강력하게 추천한다.

-중앙대 미래교육원 책쓰기 교수 진순희-

목차

프롤로그	나는 내게 야박했습니다	10

PART 1

그림자 속의 나

1. 인생: 예측 불가능한 날씨처럼 — 18
2. 열정의 뒷면: 번아웃의 흔적 — 22
3. SNS 미로: 갑작스러운 감정의 파도 — 26
4. 내 안의 가면: 가식의 진실 — 30
5. 신뢰의 뒤편: 도끼에 찍힌 상처 — 34
6. 가해자의 고백: 내 안의 검은 거울 — 38
7. 숨 쉬는 로봇: 소비하는 하루 — 42
8. 힘든 여정의 빛: 따뜻한 추억 — 46

PART 2	1. 시간의 위로: 지나가는 순간들	52
마흔의 거울 앞에서	2. 나와의 댄스: 밀당의 리듬	56
	3. 인생의 굴곡: 어쩔 수 없는 순간	60
	4. 자존심의 주인: 누구를 위한 울타리	64
	5. 삶의 퇴장: 새로운 시작을 위한 종료	70
	6. 마음의 우편함: 감정의 편지	74

PART 3

**오늘의 나를
위한 조언**

1. 조급함의 함정: 선택의 기로	80
2. 나의 콤플렉스: 드러내는 용기	84
3. 어설픈 나: 완벽함과 거리두기	90
4. 관계의 거리: 가까움과 먼저의 밸런스	96
5. 나만의 속도: 인생은 마라톤	100
6. 거절의 선물: 나를 지키는 방패	104
7. 진짜 삶의 연결: SNS 너머로	108
8. 휴식의 기술: 제대로 쉬고 있나요?	112
9. 평범한 날의 아름다움: 괜찮아	116

PART 4 **미래로의 초대**	1. 나만의 이야기: 막쓰기의 시작	122
	2. 시작의 힘: 첫 발걸음	126
	3. 뜨거운 배움의 열정: 공부 자동화	130
	4. 글쓰기의 여정: 나의 이야기 찾기	134
	5. 나다움의 무기: 자유의 재발견	138
	6. 인생: 전반전과 후반전	142
	7. 생각의 파워: 이루어진 미래	146
	8. 돈과의 관계: 사랑의 시작	150
	9. 보이지 않는 것의 중요함: 무형의 깊이	154
	10. 가장 젊은 날: 오늘을 살아가는 나	158
에필로그	나다운 삶을 찾아 여행을 떠나자	162

프롤로그

나는 내게 야박했습니다

이혼, 파산, 보이스 피싱, ADHD로 마음이 아픈 아들.

한꺼번에 들이닥친 아픔과 상처들이 씻기고 있다. 지난 8년간 지독하게 나를 괴롭혔던 감옥에서 이제야 뛰어나올 수 있게 됐다. 벗어나고 싶었다. 버려 버리고 싶었다. 어둠만이 존재하는 그곳에서 나는 정말로 벗어나고 싶었다. 그렇게밖에 살지 못한 나를 정말로 내던져 버리고 싶었다.

결혼 전까지 있는 듯 없는 듯 평범하게 살았다. 평범의 기준이 저마다 다르지만, 내 기준에선 지극히 평범했다. 정말 열심히 살아오신 부모님 덕분에 크게 고생하지 않고 자랐다. 배운 게 절약과 근면 성실이라 나 또한 아끼고 저축하고 성실하게 생활해 왔다.

결혼을 기점으로 내 인생은 완전히 반전되었다. 평탄하지 않았던 결혼 생활은 늘 긴장의 연속이었다. 준비할 겨를도 없이 이혼이라는 단어가 불쑥 들이닥쳤다. 모든 살림을 뒤로하고 옷가지 몇 벌만 챙겨 친정으로 들어왔다. 가시방석이었지만 갈 곳도 나갈 수도 없는 현실이 비참했다.

실패한 인생은 생각보다 더 처참했다. 행복은 돈이 아니라고 그 누가 말했던가. 없어 보면 안다. 돈 없다는 것이 사람을 얼마나 비굴하고 굴욕적으로 만드는지를. 평범했던 그 시절, 가난한 사람들을 보면서 '성공해서 돈 벌고 싶단 생각이 안 들까?'라고 생각한 적이 있었다. 없어 보니 알겠더라. 가난하면, 특히나 '마음'에 가난이 깊숙이 파고들면 돈 벌겠다는 생각조차 들어설 틈이 없다는 것을 말이다. 어떻게 하면 오늘 하루 잘 버틸까, 어떻게 하면 오늘 하루 무사히 잘 지나갈까, 내일은 또 어떻게 견디지, 오로지 그 생각만으로도 하루가 벅차다는 것을. 사방이 꽉 막힌 현실 속에서 숨 막히는 하루를 보내는 것이 그나마 내가 할 수 있는 일이란 것을 뼈저리게 절감했다. 내가 할 수 있는 일이란 단순히 시간을 때우는 것뿐이었다.

타인의 시선을 꽤나 의식하면서 살아온 나였기에 실패와 좌절은 더 견디기 어려웠다. 길거리의 모든 사람이 날 비웃는 것 같았다. 겉으론 아무렇지 않은 척 가면을 쓰고 다녔지만 마음은 늘 조마조마했다. 이미 금이 간 얼음 위를 걷는 것처럼 불안하고 무서웠다. 나라는 존재는 어디에도 없었다. 다른 사람의 시선 속에서만 나는 존재했다.

후회와 자책, 비난에 빠져 많은 시간을 허비했다. 고통스러운 기억과 감정에만 매몰되어 있었다. 아무리 벗어나려고 발악을 하고 발버둥 쳐도 점점 더 수렁으로 빠져드는 것 같았다. 할 수 있는 것이라곤 없었다. 현실 앞에 주저앉아 그저 지나가는 시간을 흘려보내고, 다가오는 시간을 맞이하는 수밖엔 별다른 도리가 없었다.

2023년 9월 27일 새벽 1시, 나는 이 책의 프롤로그를 쓰고 있다. 올봄 벌써 책 한 권을 출간했고, 전자책도 하나 썼다. 도려내도 없어질 것 같지 않았던 아픔과 상처에 꽤 많은 새살이 돋았다. 평생 실패한 인간으로 땅바닥만 보며 살 줄 알았다. 타인의 시선을 의식하며 가면을 쓴 채로 평생 살 줄 알았다.

지금의 나는 어떨까? 흔히 말하는 경제적 부를 이루고 누구나 인정하는 그런 의미의 성공은 아니지만, 내가 원하는 삶을 이뤄 가고 있다. 타인의 시선에서 벗어나 꽤나 자유로워졌다. 그런 의미의 성공, 나는 그 길을 걷고 있다. 어떻게 나는 변할 수 있었을까?

원래 기질이 소극적이고 내성적이라서 눈치를 많이 본다고 생각했다. 타고난 사주팔자가 그렇다고 생각했다. 바꿀 수 없는 것이기에 평생 그렇게 살아야 한다고 믿었다. 착각이었다. 그때의 나는 진짜 내가 아니었다. 이제야 진짜 나를 조금씩 만나는 중이다. 이제야 숨어 있던 진짜 나와 만나 조금씩 회포를 푸는 중이다.

변하고 싶었다. 나를 바꾸고 싶어 찾아 헤매다 운명처럼 만난 것이 치유 글쓰기였다. 글을 쓰면서 나를 깨부수고, 울고, 토해 내는 시간들을 보냈다. 글이라곤 써 본 적도 없는 내가 변하고 싶다는 생각 하나만으로 무작정 덤벼들었다. 1년여의 시간을 거치면서 내 안에 겹겹이 쌓여 있던 상처들을 양파 벗기듯 하나씩 벗겨 냈다. 오래 묵힌 찌꺼기들이 조금씩 날아가고, 그 속에 숨어 있던 본래의 모습들이 보이기 시작했다.

진정한 '나'를 만나며 나만의 오롯한 가치를 발견했다. '나'와의 만남을 통해 주변의 기대나 압박에서 벗어나 진실된 나로 살아가기 시작했다. 이러한 변화는 마치 '자유'라는 선물을 받은 것 같았다. 그것은 나에게 삶의 새로운 방향과 가치를 부여했다. 결국, 진정한 '나'를 만나는 과정에서 참된 자유를 얻게 되었다.

진짜 나를 찾는다는 것이 애매모호하게 들릴 수도 있겠다. 진짜 내 모습, 나만이 가진 내 모습을 찾는 것은 중요하다. 나다움이란 단어는 이제 일상에서 심심치 않게 사용되고 있다. 나다움을 찾으려는 사람들이 그만큼 많다는 것이다. 이 책을 읽는 사람들이 꼭 나다움을 찾길 바란다. 나다움을 찾을 때 내가 얼마나 자유로워질 수 있는지, 자유라는 것이 어떤 의미인지 알게 될 것이다.

내 이야기를 통해 누군가에게 '희망'과 '변화'라는 메시지가 전달되면 좋겠다. 나처럼 타인의 이목을 많이 의식하는 사람이라면, 내가 그랬듯이 당신도 타인의 시선에서 자유로워질 수 있다. 이혼의 아픔과 상처에서 아직 헤매고 있다면 그것은 빨리 버려야 할 찌꺼기라고 말해 주고 싶다. 실패한 경험의 잔재들로 아파하고 있는 사람이라면 실패는 또 다른 시작일 뿐이라고 말해 주고 싶다. 여러분들은 이미 '존재 자체'로 소중한 사람들이기에 그 울타리에서, 나를 옥죄는 감옥에서 하루빨리 벗어나면 좋겠다.

성공한 사람들이 많이 하는 말이 있다. "내가 했으면 여러분도 할 수 있습니다." 나 또한 그 말을 정말로 간절하게 말하고 싶다. 내가 경제적으로 부를 이룬 것은 아니지만 마음은 이미 부를 이뤘다. 상처와 아픔, 과거에서 벗어나야 뭐든 시작할 수 있다. 마음속에 '시작'이라는 단어가 비집고 들어갈 틈은 있어야 뭐라도 할 수 있다. 그러려면 마음을 꽉 채운 어둠의 찌꺼기를 빨리 비워 내야 한다. 채우려면 비워야 하는 수밖엔 없다.

어떻게 비워야 할지 모르겠다면 나처럼 글을 써 보라고 강력하게 권하고 싶다. 노파심에 말하자면, 이런 걱정은 하지 않았으면 한다. "글을 못 쓰는데 어떻게 하죠?", "무엇을 써야 할지 모르겠어요.", "글을 써 본 적이 없는데요.", "길게 써야 하나요?" 답을 하자면 이렇다. 잘 쓸 필요 없다. 한 줄부터 쓰기 시작하면 된다. 그날 떠오르는 것 아무거나, 마음이 흐르는 대로, 손이 가는 대로 쓰면 된다. 걱정은 접어 두고 일단 시작하면 된다. 실행력이 무지하게 더딘 나도 이렇게 해냈다.

"열매가 달라지길 바란다면 우선 뿌리가 달라져야 한다." 『더 플러스』 조성희 작가의 말이다. 결과를 바꾸고 싶다면 겉모습만 바꿔서는 안 된다. 나처럼 겉모습만 웃는 가면을 쓰면 마음은 점점 더 어두워진다. 원인이 되는 마음을 바꿔야 한다. 마음속이 아픔과 상처로 가득 차 있다면 힘든 현실에서 결코 벗어날 수 없다. 삶의 주인공은 누구도 아닌 나다. 이 책이 '존재 자체로 소중한 진짜 나'를 찾아가는 첫 발걸음이 되길 바란다.

PART 1

그림자 속의 나

1. 인생: 예측 불가능한 날씨처럼

2023년 여름은 무서웠다. 뜨거움을 넘어 따가웠다. 보이지 않을 정도로 쏟아지는 비에 물난리가 났고 많은 사람이 목숨을 잃는 안타까운 일도 많았다. 제6호 태풍 '카눈(Khanun)'이 강한 세력을 유지한 채 남한부터 북한까지 한반도를 관통했다. 100여 년간 전례가 드물 만큼 '사상 초유' 내륙 관통 태풍이었다.

기후 위기를 논하며 매년 예측하기 힘든 날씨가 이어지고 있다. 올해는 얼마나 더울까? 올겨울은 또 얼마나 추울까? 걱정을 거듭해도 아무렇지 않게 지나가는 해가 있고, 걱정하지 않았더니 혹독하게 지나가는 해도 있다. 첨단 장비와 인공위성이 날씨를 예측하건만 빗나가기만 하는 날씨 예보가 원망스러울 때가 한두 번이 아니다.

서른 중반을 넘긴 내 인생이 그렇다. 평범하게 살아온 만큼 앞으로 남은 인생도 순탄하게 흘러갈 것이라고 철석같이 믿었다. 봄이 가면 여름이 오고 가을, 겨울이 오는 것처럼 정해진 이치대로 잘 흘러가리라 장담했다. 스물아홉에서 서른이 될 때 친구들은 노인이 된 것처럼 호들갑을 떨었지만 나에겐 그저 하룻밤이 지난 것에 불과했다. 서른 초반에서 중반이 될 때도 별반 다르지 않았다.

경로대로 잘 가던 내 인생에 태풍이 몰아닥쳐 순식간에 방향을 틀었다. 무방비로 지내던 일상이 태풍의 위력에 버텨 내지 못하고 혼비백산했다. 갑작스러운 이혼에 갈 길을 잃었다. 모아 놓은 돈도 다 털리고, 4살 아이와 갈 곳이 없다. 경력 단절로 무엇을 시작해야 할지 난감하다. 당장 어디서 먹고살아야 할지 막막하다. 파산으로 신용불량자 신세다. 몸도 마음도 너덜너덜해졌다. 버텨 낼 정신도 남아 있지 않다.

건강만큼은 자신했던 나였는데 이젠 건강을 챙기지 않으면 안 될 처지가 되었다. 하루 종일 굶어도 멀쩡했는데 한 끼만 굶어도 머리가 아프다. 2~3일 밤을 새워도 끄떡없던 몸이 조금이라도 밤을 새면 입병이 나고 맥을 못 춘다. 감기조차 걸리지 않아 보험료 내는 것이 아까웠는데 겨울만 되면 감기로 병원을 몇 번씩 드나든다. 웬만큼 아프지 않고서야 약 먹을 일이 없었지만 이젠 서둘러 병원을 가지 않으면 개고생한다. 저질 체력이 됐다. 체력이라는 말을 쓰기도 민망한 몸이 됐다. 정신력이 강하면 이겨 낼 수 있다고 했다. 나에겐 이겨 낼 정신력조차 바닥이다.

  그뿐만이 아니다. 평소에 운동을 하지 않아도 등산을 좋아하는 부모님을 따라 산 정상에도 후딱 올랐다. 한라산, 태백산, 소백산 등 오기로 올랐든 체력으로 올랐든, 정상을 밟았다. 이젠 아련한 과거가 됐다. 5년 전 시작된 종아리 저림에 허리디스크 판정을 받았다. 병원과 한의원 20여 곳에서 신경 주사부터 도수치료, 봉침, 교정까지 안 해 본 치료가 없다. 통증은 줄었지만 여전히 언제 심해질지 모르는 불안감과 더불어 살고 있다.

  우울하다. 나아지기는커녕 거세지는 태풍에 앞이 보이질 않는다. 돈도 몸도 정신도, 어느 하나 버려 줄 것이 없다는 생각이 매일 눈을 떠야 할 이유를 상실하게 만든다. 그저 떠지는 눈을 감지 못해 뜨고, 책임져야 할 아이가 있기에 돈을 번다. 매일이 빠듯하게 돌아간다. 아플까 봐, 일을 못 하게 될까 봐, 아이와 쪼들리며 살아야 할까 봐, 걱정에 걱정을 더하며 무겁고 버거운 하루하루를 버텨 낸다.

  언제쯤 끝날까. 아니 언제쯤 벗어날 수 있을까. 나를 감싼 태풍이 벗어날 그날을 알 수 있다면 버틸 힘이라도 생길 텐데 도무지 알 방법이 없다. 예측하기 힘든 날씨처럼 나의 인생도 늘 빗나가고 있다. 얼마나 더 혹독하게 견뎌야 햇살이 비춰 줄는지, 얼마나 더 휘둘려야 고요한 바람에 시원함을 느낄 수 있을지 상상할 수가 없다.

어느 출근길 아침, 나무 밑동에 살포시 고개를 내민 초록 싹을 애틋하게 바라본다. 어둡고 축축한 땅속에서 얼마나 기다렸을까. 봄이 오기만을 하염없이 기다렸을 테다. 그래도 어김없이 봄이 찾아오고 싹은 햇살을 맞이했다. 나의 인생도 그럴까. 느끼지도 못한 사이에 봄이 다가오는 것처럼 예측할 수 없는 인생도 그렇게 다가올까. 여리여리한 싹이 견뎌 냈을 시간들을 마음에 담아 본다.

2. 열정의 뒷면: 번아웃의 흔적

"레버리지는 해변에 앉아서 칵테일을 마시는 노인의 모습으로 상징되는 은퇴나 자유가 아니다. 당신의 최종적인 목표가 무엇이든, 그것을 나중으로 미루지 않고 지금 즐기는 것이다." 롭 무어의 『레버리지』에 나오는 문장이다.

지금을 즐기는 것이 레버리지 된 삶이라니. 어떻게 그럴 수가 있지? 지금을 즐길 여유가 있을까? 허리띠를 졸라매도 밝은 미래가 보이지 않는다. 하루하루 살아 내는 것도 버거운데 어떻게 즐기라는 거지? 『레버리지』를 읽는 순간 머릿속은 일본 대지진을 겪은 것처럼 혼돈 그 자체였다.

나에게 지금을 즐길 여유는 없다. 눈 씻고 찾아봐도 없다. 머리를 쥐어짜도 도저히 지금을 즐길 처지가 되지 못했다. 그럴 자격조차 없었다. 버겁기만 한 하루가 그저 아무 사고 없이, 말 그대로 무탈하게 지나가기만을 손발이 닳도록 빌 뿐이었다.

"우울 점수가 높아요. 필요하다면 약도 먹어야겠어요."

혹시나 하는 마음에 받아 본 심리검사 결과다. 살짝, 아주 살짝 예상을 했지만 빗나가지 않았다. 가능성은 있겠다 싶었는데 약까지 먹어야 할 수도 있다는 결과에 헛웃음만 나왔다. 그렇게라도 웃어야 울고 싶은 마음을 들키지 않을 수 있을 것 같았다.

언제부터였을까. '내가 왜 이러지?'라는 생각이 한 번 두 번 반복되었다. 처음엔 그저 피곤해서 느끼는 기분일 뿐이라고 생각했다. 직장도 4년 차가 되다 보니 적응될 때로 적응됐고, 따사로움이 밀려오는 초여름 길목이라 마음이 느슨해지나 보다 싶었다. 지나가는 비구름이려니 생각했다.

여느 주말처럼 소파에 누워 리모컨을 돌렸다. 볼만한 프로그램이 없다. 0번부터 100번까지 시소를 타듯 텔레비전 채널을 오르내린다. 한 바퀴, 두 바퀴, 쉴 새 없이 움직인다. 아이쇼핑을 하듯 채널 쇼핑을 하고 있다. 볼만한 채널을 고르는 게 아니라 생각 없이 손가락만 움직이고 있다.

'어라! 나 뭐 하는 거지? 나 왜 이래?'

벌써 4시간이나 훌쩍 지났다. 그제야 내가 이상하단 생각이 들었다. 오늘의 일만이 아니다. 벌써 6개월째 나는 그러고 있었다. 퇴근 후면 아이 밥만 간신히 차려 주고 침대에 누워 핸드폰 삼매경에 빠진다. 딱히 할 것도 없으면서 이곳저곳을 기웃거리고, 또 기웃거린다. 주말이면 소파에 누워 텔레비전 리모컨과 한 몸이 되어 움직일 생각을 하지 않는다. 내가 진짜 제일 싫어하는 모습이 딱 그 모습인데도 말이다.

만사가 귀찮고, 아무것도 하기 싫다. 삶이 무의미하다. '일은 해서 뭐 하나.'라는 생각도 들지만 어떻게 하겠는가. 먹고는 살아야 하니 도살장에 끌려가는 소처럼 출근 버스에 몸을 꾸겨 넣는다. 목적 없이 초점 잃은 눈으로, 때 되면 먹고, 때 되면 퇴근한다. 느리게 가는 시간에 몸을 맡긴 채 하루를 소비한다.

그렇게 6개월이 지나서야 이상한 내 몸을 감지했다. 피곤한 것이 아니라는 걸, 초여름 길목 느슨함이 아니라는 걸 말이다. 몸이 안 움직인다는 걸, 움직일 수가 없다는 걸 그제야 제대로 느끼기 시작했다. 머리로는 이러면 안 된다고 확성기에 대고 외치지만 몸은 움직이지 않는다.

"너무 열심히만 달려오신 것 같아요. 좀 쉬기도 해야죠."

상담사의 말에 눈이 뜨거워졌다. 이혼 후 맞이한 현실은 생각보다 괴로웠다. 생각했고 준비했었지만 예상보다 빨리 맞이한 이혼은 감당하기에는 꽤나 버거웠다. 부모님을 생각하면 마음이 찢어졌다. 매일 부모님을 마주하며 눈을 마주치기조차 힘들었다. 모든 것이 죄스러웠다.

망가질 대로 망가진 몸과 마음을 추스를 여유도 없었다. 당장 아이와 먹고살 일을 걱정해야 했다. 쉴 수가 없다. 하루라도 더 벌어야 한다. 평일엔 일을 하며 미래를 위해 기술도 배운다. 늦은 시간에 들어와 잠든 아이 옆에서 조용히 잠을 청한다. 주말엔 평일에 다 하지 못한 엄마 역할을 하며 아이와 종일 놀아 준다. 무료입장이 가능한 곳들을 검색하며 이곳저곳 아이의 경험을 쌓기 위해 다닌다. 지친 몸을 어떻게든 일으켜 세운다.

그렇게 달려온 지가 5년여. 너무 달리기만 했다는 상담사의 말에 다른 부모도 그 정도는 한다고 말했다. 나만 그런 것이 아니라고 애써 부정했지만, 마음은 소리 없이 통곡했다. 나조차도 모르는 마음, 아니 내가 무시해 온 마음을 안아 준 그 한마디에 모든 것이 무너져 내렸다. 무기력과 우울감이 찾아온 이유를 그제야 받아들였다.

오늘도 외친다. "이런 내 모습 너무 싫다. 꼴도 보기 싫어."라고. 매일 송곳으로 찔러 대지만 도통 들어먹질 않는다. 매일 밤엔 핸드폰과, 주말엔 텔레비전과 사랑을 하고 있다. 로미오와 줄리엣처럼 비극적인 사랑을 말이다. 어떤 고통이 닥칠지도 모른 채.

3. SNS 미로: 갑작스러운 감정의 파도

"일하지 않아도 월 3,000만 원이 자동으로 들어와요."
"지하 월세에서 전전긍긍한 20대 청년이 수도권에 아파트만 10채를 갖게 된 이유"
"집에서 아이만 키우던 엄마가 단 3개월 만에 월 100만 원 번 사연"

제목만 봐도 성공 방법이 궁금해 클릭하지 않을 수 없다. 도대체 어떻게 돈을 벌었을까? 어떻게 하면 나도 저렇게 할 수 있을까? 따라 하고 싶고, 배우고 싶다. 월 1,000만 원이 아니라 월 500만 원이라도 벌고 싶다. 아니 300만 원이라도.

제목을 클릭하고 그들의 성공 스토리를 읽어 나간다. 지하철에서

노숙하던 사람이 월 2,000만 원을 벌었다는 놀라운 스토리에 빠져 부러움의 눈길을 보낸다. 그러나 그것도 잠시. '처음부터 금수저였을 거야.', '원래 성공할 수밖에 없는 사주를 타고났을 거야.', '부모님이 밑천 좀 대 주셨겠지.', '능력이 늦게 나타난 거지.' 확인도 안 된 이유를 들어 가며 다른 나라 이야기하듯 한다. 그렇게 타고나지도 않았고, 능력도 없는 나. 금수저도 아니고 밑천을 보태 줄 만큼 부모님이 부자도 아닌 나. 그렇기에 나는 절대 할 수 없는 일이라는 그럴싸한 핑계들을 만들어 낸다.

하루에도 수십 번 광활한 SNS 속에서 허우적거린다. 한번 빠지면 헤어 나오기 힘든 깊은 늪이다. 마음을 온통 빨아들인다. 눈은 초점을 잃고, 뇌는 정지된다. 오로지 손가락과 눈, 핸드폰만이 발 빠르게 움직인다. 질투와 시기의 마음도 덩달아 눈덩이처럼 커진다. 마음을 집어삼키고 자존감을 내동댕이쳐 버린다.

그 세상은 타인들의 성공으로 구석구석 찬란하게 전시되어 있다. 상상할 수 없는 부의 감칠맛 나는 이야기들에 볼품없는 나의 스펙과 외모, 텅텅 비어 있는 통장. 그 모든 것들이 하찮음의 끝판왕을 보여 주는 것 같다. 그뿐만이 아니다. 더욱 화가 나는 건, 학교 다닐 때 찌질했던 그녀가 명품으로 치장한 사진을 SNS 이곳저곳에 도배한 것을 본 그 순간이었다. 마음속은 온통 마그마가 부글부글 끓는다. 도대체 그녀는 어떻게, 무엇으로, 이렇게나 성공했단 말인가. 좌절에 또 좌절. 자책에 또 자책. 그것만이 내가 할 수 있는 일이었다.

그림자 속의 나 | 27

'왜 나는 이 모양 이 꼴인가? 내가 전생에 무슨 잘못을 했는가?', '그 찌질이도 그렇게 성공했는데 도대체 나는 왜 이것밖에 안 되나.', '나보다 공부도 못하고 못생겼었는데 어떻게 명품을 두르고 다닌단 말인가.' 반복 재생을 누른 것처럼 신세 한탄이 쏟아진다. 자책감이 융단 폭격처럼 가슴을 무차별하게 공격한다. 인간은 평등하다고 했는데, 개뿔. 세상은 불공평하다. 공평하다면 열심히 살아온 내가 이런 처지일 리 없다. 허무하다. 마음 구석구석이 뻥 뚫린 것처럼 공허하고 바람이 쌩쌩 불어 댄다. 눈물이 달릴 준비를 한다.

이혼 후 너덜너덜해진 몸과 마음을 추스를 시간도 없이 미친 듯이 달려왔다. 하루 벌어 하루를 견뎌야 했기에 쉰다는 건 사치였다. 혼자의 몸이라면 덜 열심히 살았을 테다. 하지만 아이가 있었다. 성인이 될 때까지는 내가 책임져야 할 내 몫이 있기에 하루가 그저 무사히 지나가기만을 바랐다. 열심히 살면 나도 SNS 속 그들처럼 성공할 수 있을 것이라는 작은 희망도 품었다.

오늘도 SNS 속 그들에게 부러움의 눈길을, 때론 질투와 시기의 마음을 품는다. 늘어나는 좋아요 숫자와 달리는 댓글들을 보며 나도 손을 움직여 본다. '혹시나 성공의 기운을 받을 수도 있지 않을까?' 어처구니없는 생각에 찌질했던 그녀의 게시물에도 '좋아요'를 누른다. 물론 나라는 걸 알 리는 없다. '내가 얘한테 굴복하다니.' 현실은 냉혹하고 비참하다는 것을 이렇게 또 한 번 온몸으로 체감한다.

'이제 다시는 보지 말자.' 굳은 결심도 했었다. 이렇게 비참할 바에야 차라리 보지 말자고 몇 번이나 마음을 다졌지만 몇 시간 못 가서 다짐들은 신기루처럼 사라졌다. 무슨 심리인지 모르겠지만 질투하고 시기하고, 자책하고 비참하면서도 그들의 성공을 보지 않으면 안 됐다. 찌질이의 명품으로 도배된 게시물을 훔쳐봐야 했다.

오늘도 마음에선 폭풍우가 요동친다. 지진이 일어나고 토네이도가 쉴 새 없이 불어닥친다. 그나마 가졌던 작은 희망도 조금씩 갉아먹으며 SNS 속 그 무언가를 사냥하듯 뛰어다닌다. 또 다른 성공 스토리를 발견하고, 또 다른 과거의 찌질이들을 만나며 비참함에 눈물 흘린다. 끊을 수가 없다. 멈출 수가 없다. 쉴 새 없이 움직이는 이 손가락을 나는 어떻게 할 수가 없다.

4. 내 안의 가면: 가식의 진실

나는 산만하다. 줏대란 걸 찾아 볼 수 없다. 누가 좋다고 하면 귀가 팔랑팔랑한다. 누가 블로그를 배워야 한다고 하면 블로그에 발을 담근다. 인스타그램을 해야 한다고 하면 또 거기에 한 발을 담근다. 공부방을 창업해야 돈이 된다고 하면 정보를 얻기 위해 쉴 새 없이 검색을 하고 자료를 저장한다.

나는 꾸준함이 없다. 영어 공부를 하겠다고 마음을 먹은 지 벌써 20여 년이 지났지만 제대로 한 적이 없다. 영어 학원을 끊어 놓고 일주일도 안 가고, 온라인 학습을 등록하고 10강을 넘기지 못한 채 방치한 것이 다반사다. 블로그를 배우겠다고 덤볐지만 대문 만드는 데만 온 힘을 쏟고 글 하나 올리지 못하고 몇 년을 방치했다.

나는 실행이 더디다. 실수하는 것에 두려움이 많다. 그러다 보니 어떤 일을 할 때 쉽게 시작하지 못한다. 유튜브 하나를 찍기 위해 스피치 연습을 한다. 편집 프로그램을 공부하고 썸네일 한 장을 위해 포토샵도 배운다. 화면에 잘 나오기 위해 메이크업 원데이 클래스도 참여한다. 결국 영상 하나를 업로드하기까지 6개월이 걸렸다. 하기라도 했으면 다행이다. 준비하다 지쳐서 그만두거나, 실수에 대한 두려움을 견디지 못하고 포기하는 경우도 부지기수다.

나는 단점투성이다. 장점을 찾는 것이 하늘의 별 따기만큼 어렵다. 잘하는 것이라곤 눈 씻고 찾아 봐도 없다. 특기와 취미를 적는 것이 제일 어려웠을 만큼 잘하는 것도 좋아하는 것도 없다. 그것이 무엇일까 늘 고민했지만, 도저히 알 길이 없었다.

그래서일까? 항상 다른 사람의 인생이 부러웠다. 남들은 잘하는 것도 좋아하는 것도 많다. 심지어 능력도 탁월하다. 뭘 해도 멋있어 보인다. 외모, 학벌 모든 게 다 뛰어나다. 돈도 잘 벌고, 좋은 직장에 결혼도 잘해서 잘 먹고 잘 산다. 그에 반해 나는 아무것도 없다. 하나 있는 거라곤 그들을 질투하는 마음과 그 마음을 들키기 싫어 '척하는 모습'뿐이었다.

누군가의 긴 생머리가 예뻐 보여 머리를 길렀고, 나팔바지 입은 모습이 멋있어 보여 같은 바지를 사 입었다. 영어 공부를 하는 게 좋아 보여 마음에도 없는 영어 공부를 시작했다. 누군가 사과가 맛

있다고 하면 그냥 따라서 먹고, 수정과가 맛있다고 하면 싫어하는 수정과도 좋아해야 했다. 그렇게 남들을 몰래 따라 하며 나를 치장했다.

문제는 나는 남이 될 수 없다는 것이다. 아무리 따라 한들 나에겐 어울리지도 않았다. 따라 해도 되지 않는 나를 비난하는 마음만 커진다. '쟤는 잘만 하는데 왜 나는 안되는 거야. 도대체 나는 왜 이러냐고!' 키도 작고, 젖살이 빵빵하게 오른 얼굴은 달덩이 같고, 광대만 불룩한 외모를 탓하고, 할 줄 아는 건 하나도 없는 무능력을 탓한다. 마음은 늘 먹구름을 가득 머금고 있지만, 얼굴은 언제나 화사한 척 가식을 떨고 있다.

"보이지 않는데 뭐 하러 해?"
"내가 보잖아."

보이지 않는 의자 밑까지 사포질하는 이상순을 보며 이효리가 물었다. "내가 보잖아." 남편 이상순이 대답했다. 우연히 듣게 된 텔레비전 속 이야기에 한참 동안 정신을 내놓았다. "내가 본다고? 보이지도 않는 곳을 뭐 하러? 왜? 내가 보는 게 왜 중요하지?" 이제 막 입을 뗀 갓난아기처럼 우리말인데 이해가 되지 않았다.

한 번도 내 생각이 중요한 적은 없었다. 내 의견 따위는 장식장 구석에 처박혀 보이지도 않는 옛 물건보다 못했다. 남에게 어떻게 보일지, 남이 어떻게 생각할지가 중요했다. 그런 나에게 이상순의 대답은 그야말로 이해할 수 없는 메시지였다. 보이지도 않는 의자 밑을 내가 보기 때문에 사포질을 한다는 건 시간 낭비일 뿐이었다.

"내가 원하는 모습이 무엇인지 끊임없이 묻고 답하는 과정이 있어야 합니다." 김병수 작가의 『감정의 온도』에 나오는 글이다. 내가 원하는 모습은 남들이 가진 모습이다. 누군가의 외모, 누군가의 패션, 누군가의 스펙. 지금껏 내가 원하는 모습은 그런 것들이었는데 나한테 무엇을 물으라는 것일까. 천둥번개가 나만 정조준한 것처럼 수없이 내리친다. 이상순의 대답도 김병수 작가의 말도 내게는 이해할 수 없는 외계어 같아 혼란스럽다.

5. 신뢰의 뒤편: 도끼에 찍힌 상처

대학을 졸업하고 한창 사회생활에 찌들었을 때쯤 스트레스 또한 만만찮은 콜센터에서 일한 적이 있다. '하도 욕을 먹어서 엄청나게 오래 살 거야!' 하루가 고됐다. 매일 맞춰야 할 콜 수와 모니터링 등 업무 스트레스가 최고조에 이르렀을 즈음, 나는 거절하지 못할, 거절하고 싶지 않은 제안을 받았다.

이전 회사에서 알던 부장님께서 전화를 주셨다. 프로젝트를 따야 하는데 자격증이 필요하다는 것이다. 내 전공은 문헌정보학, 일명 도서관학이다. 도서관 관련 사업을 수주하려면 꼭 있어야 할 자격증이다. 졸업생은 많지만, 전공 쪽으로 일하는 사람은 별로 없었기에 나에게 전화를 한 모양이다. 힘들었던 그때, 콜센터를 그만둘 수 있는 딱 적절한 이유였다. 모양새 좋게 나의 이미지에 상처 내지 않고 잘 그만둘 수 있는 합당한 해결책이었다.

새로운 직장에서 밤새워 프레젠테이션을 준비하고, 사업을 번창시키기 위해 직원들과 참 열심히 일했다. 왕복 4시간을 왔다 갔다 했는데도 고되지도 않았다. 그런 노력에 비해 회사가 잘 굴러가진 못했다. 한 달씩 급여가 밀리기 시작했다. '힘드니까 그러시겠지…'라고 생각했지만, 밀리는 횟수가 잦아졌다. 두 달씩 밀리기도 했다. 급여가 절반만 들어오기도 했다. 그래도 사장님을 믿었다.

한두 명씩 퇴사를 했지만, 6개월 이상 급여가 밀릴 때까지도 나는 견뎠다. 불안한 마음을 애써 감추며 참았다. 그만둔다고 말하고 싶었지만 차마 못 했다. 밀린 급여는 꽤 됐고, 곧 해결해 주겠다는 약속만 받은 채 회사를 나왔다. 시간은 흐르고 받지 못한 급여 또한 그대로였다. 정당한 권리임에도 회사를 접은 사장님의 형편을 생각하며 돈 달라는 말을 할 수가 없었다. 괜히 미안해할 사장님을 배려했기 때문이다.

결국 믿는 도끼에 발등을 찍히고서야 알았다. 내 코가 석자인데도 사리 분별 못 하고 엄한 사람 걱정을 했다. 시간이 꽤 흘러도 연락 한 번 없었다. 해결될 기미가 보이지 않아 큰맘을 먹고 체불 임금으로 신고했다. 노동부에서 대면하는 순간도 죄송한 마음이 먼저 들었다. 아뿔싸. 빚 독촉에 어머님이 쓰러지실 것 같다며 꼭 해결해 주겠단 약속을 철석같이 믿었다. 아무리 부탁해도 진정은 취하하면 안 된다고 했는데, 착한 사람 코스프레라도 하듯 진정을 취하했다. 사장님의 상황이 딱해 보였다.

그 후로 여러 번 문자를 보냈다. 때론 큰맘을 먹고 모질게도 했다. 결국 한 번의 연락도 없었고, 내 문자에 답장도 없었으며, 그 돈은 받지 못했다. 꽤 오랜 시간이 지나고 카카오톡 연락처를 뒤지다 사장님 프로필을 보았다. 떡하니 본인의 얼굴을 프로필에 올려놓았다. 잊고 있었던 화가 치밀어 올라왔다. 울화통이 터졌다. '그 돈으로 잘 살고 계십니까? 당신 형편 생각해서 진정까지 취하했는데, 그렇게 연락 한 통 없이 잘 살고 계십니까?' 메시지를 보내고 싶었다. 쓰라린 마음이 쓰나미처럼 밀려왔지만, 보낸들 뭐 하나 싶어 또 참아 버렸다.

왜 좀 더 모질지 못했을까? 당연한 내 권리인데 왜 조금 더 강하게 요구하지 못했을까? 한두 달 급여가 밀리기 시작하면 바로 이직을 했어야지. 사람들이 밥 먹여 주는 것도 아닌데, 거기서 왜 끝까지 열심을 다했을까? 신고까지 했으면 해결을 보고 취하를 했어야지 왜 상대방의 입장만 생각했을까?

이제야 과거의 기억을 떠올리며 곰곰이 생각해 본다. 생각할수록 후벼 파인 상처가 소금 뿌린 듯 쓰라렸지만 나 자신을 원망할 수밖에 없었다. 믿는 도끼에 찍힌 발등보다 좋은 사람으로 남고 싶었던 그 마음이 더 아팠기 때문이다. 내가 힘든 건 안중에도 없었다. 최소

한의 사과도 안 한 사람에게 왜 좋은 사람으로 남아야 했던가? 다시 생각해 보니 미치고 팔짝 뛸 노릇이다.

아직도 나는 종종 두려워한다. 내가 좋은 사람으로 기억되지 않을까 봐. 내 마음은 숨긴 채 착한 사람, 좋은 사람으로만 남고 싶은 이 마음이 나는 두렵다. 가까이하지 말아야 할 사람에게조차 그렇게 기억되어야 한다는 내가 가엽다. 안쓰럽다. 어쩌다! 왜! 그렇게 됐는지 모르겠다. 찍힌 발등을 더 아파해야 할 날이 오긴 할까? 서글프다.

6. 가해자의 고백: 내 안의 검은 거울

좋은 방법이 없다. 아무리 생각해도 기똥찬 생각이 떠오르지 않는다. 어떻게 해야 쉽고, 빠르게, 잘 갈 수 있을지 이 방법 저 방법 떠올려 본다. 아플 것 같아서, 힘들 것 같아서, 용기가 없어서. 별별 이유들 때문에 생각한 방법들이 마음에 들지 않는다. 마음에 들지가 않아서 할 수가 없다.

버스를 타고 한강을 건너던 그날도 그랬다. 다리 아래로 흐르는 흐리멍덩한 한강 물에 시선을 뺏겼다. 순간 머릿속엔 한 가지 생각만이 떠올랐다. 유유히 흘러가는 강물을 보니 나의 생각도 그 끝으로 자연스럽게 흘렀다. 모든 걸 내려놓고 싶었다. 모든 걸 포기하고 싶었다.

'어떻게 하면 고통 없이 죽을 수 있을까?'
'어떻게 하면 쉽고 빠르게 잘 죽을 수 있을까?'
'아이와 강물에 뛰어들까? 달려오는 지하철에 떨어질까?'
'아이는 고아원에 맡겨야 할까? 아냐, 같이 죽는 게 나아.'

생각할 수 있는 모든 방법을 떠올렸다. 어제는 저 생각, 오늘은 이 생각. 그렇게 매일매일 같은 생각을 반복하며 더 좋은 방법을 연구했다. 멀쩡히 걸어가다가도 죽음이란 생각에 불꽃이 튀면 걷잡을 수 없을 정도로 꼬리 물기를 시작했다. 평소에도 생각에 생각을 더해 가는 내 스타일대로 죽음이란 단어 또한 끝도 없이 이어졌다.

'왜 이렇게 멍청해. 그렇게 살아서 뭐 해!'
'왜 말을 제대로 못 해. 그럴 거면 뭐 하러 살아!'
'그냥 죽어. 앞으로 더 비참해질 거야!'

하루에도 수십 번 심장에 칼을 꽂았다. 아픈지도 모른 채 찔러 댔다. 아물지도 않은 상처를 후비고 또 후볐다. 그것도 모자라 패인 상처에 소금물까지 들이부었다. 자책과 비난이 되풀이될수록 살 가치가 없는 인간이 되었다. 길가에 즐비한 쓰레기처럼 나도 쓸모없는 인간이라는 생각이 짙어졌다. 양파 껍질처럼 까면 깔수록 점점 더 가치 없는 내 모습이 드러날 뿐이었다.

20대에는 질투와 시기로 온 마음을 덮고 살았다. 남이 가진 것은 다 부러웠다. 그것을 갖지 못한 나를 못마땅해했다. 못난 나를 들키고 싶지 않아 겉으론 꽤나 괜찮은 척하며 살았다. 30대에는 잘 살고 싶었다. 남들이 사는 것처럼 성공해서 잘난 척하며 살고 싶었다. 부러워하던 그 사람들보다 더 성공하고 싶었다. 그러나 인생은 마음대로 되지 않는다는 것을 뼈저리게 깨달았다.

생각보다 빨리 들이닥친 이혼과 내가 쓴 돈도 아닌 빚으로 맞이한 파산. 온몸과 마음이 진흙탕이 됐다. 딸랑 300만 원, 그것도 겨우 챙겼다. 방 하나 얻을 돈이 없어 아이와 함께 친정으로 들어왔다. 마른하늘에 날벼락이라고 부모님이 딱 그 상황이었다. 모든 살림살이를 뒤로하고 옷 몇 벌만 챙겼다. 있던 보험도 적금도 다 털렸다. 파산으로 신용불량자 신세가 됐다.

그런 나를 경멸했다. 그런 내가 너무 부끄러웠다. 그런 내가 한마디로 쪽팔렸다. 얼굴을 들고 다닐 수가 없었다. 혹여 동네에서 아는 사람이라도 만날까 가까운 길도 멀리 돌아서 다녔다. 땅만 보며 걸었다. 멀리 아는 사람이라도 보이면 빚쟁이가 쫓아오기라도 하듯 도망쳐 다른 길로 다녔다.

'나는 왜 이 모양 이 꼴일까? 전생에 무슨 잘못을 했다고 이리도 바보 멍청이 같을까? 진짜 잘난 척만 하더니 꼴좋다. 꼬락서니가 참…'

퍼부을 수 있는 못된 말은 다 퍼부었다. 그렇게 해도 속이 풀리지 않았다. 가슴을 때리고, 머리를 쥐어뜯어도 시원해지지가 않았다. 내가 할 수 있는 건 그저 멍청한 나에게 '꼴좋다.'라고 비꼬며 빈정거리는 것뿐이었다.

잔뜩 머리 굴려 죽을 생각을 하면서도 용기는 나지 않아 죽지도 못했다. 괜찮은 척, 잘난 척은 억수같이 하면서 아무도 볼 수 없는 마음속에선 누구보다 나를 경멸했다. 잘 살고 싶다는 작은 희망이 생길 때면 재빠르게 비아냥거렸다. '웃기지 마. 너는 안 돼. 너 같은 게 잘되면 내 손에 장을 지진다.' 나의 미래를 너무나 당연하게 포기하며 실컷 비웃었다.

누구보다 내가 나를 아프게 했다. 누구보다 나를 힘들게 했다. 누구보다 나를 비웃고 조롱했다. 아팠지만 아파도 싸다고 생각했다. 힘든 건 자초한 일이라고 생각했다. 고통스러웠지만 매일 반복된 칼질로 고통조차 무뎌 갔다. 그렇게 나는, 나의 유일한 가해자가 되었다.

7. 숨 쉬는 로봇: 소비하는 하루

내 삶의 목표는 무엇일까?

어쩌면 많은 사람들이 가끔씩 던지는 공통적인 질문이 아닐까 생각해 본다. 너무나 바쁜 일상을 살아가야 하는 이 시대는 소비의 늪에 빠져들기 쉽다. 돈을 벌고, 소비하고, 스트레스를 풀기 위해 또 다른 소비를 한다. 시간은 흘러가고, 매일 반복되는 일상에 휩싸여 내가 왜 사는지도 모른다. 아침이면 저절로 떠지는 눈을 어찌할 수 없어 사는 건 아닐까 생각도 해 본다. 거기엔 목표도 의미도 없다. 그저 숨을 쉬며 살 뿐이다.

이혼을 하고 6~7년을 쉬지 않고 달려왔다. 아르바이트를 하면서 이것저것 배웠다. 미래를 위해서든 투잡을 위해서든 배워야 했다.

평일엔 일을 하고 주말엔 아이와 시간을 보내며, 나를 위한 시간은 없었다. 아이와 시간을 보내는 것이 나를 위한 일이라고 생각했다. 최소한의 엄마 노릇은 해야 했다. 평일엔 밤늦게 들어오기에 아이와 놀아 줄 시간이 없었다. 그것이 아이에 대한 보상으로 생각했다. 어쩌면 아이를 위한다고는 했지만 나를 위한 합리적인 위안이었다.

쉬지 않고 열심히 살았다. 아니 그렇다고 생각했다. 그러나 무기력이 내 안에 스미었던 몇 달, 내가 무엇을 하며 살아왔는지, 무엇을 위해 살아 있고, 무엇을 위해 살아왔는지 도통 알 수가 없다. 길을 잃었다. 모든 것이 허무했다. 의미 있는 것이 아무것도 없었다. 하루하루 겨우 숨만 쉬며 버티고 있는 모습이 초라했다. 겨우 눈을 뜨고, 겨우 일을 하고, 겨우 목숨을 유지하는 하루, 복사-붙여 넣기를 하듯, 다람쥐 쳇바퀴 돌듯 똑같은 일상이 참 힘겨웠다.

왜 이렇게 됐을까? 무엇이 나를 이토록 허무하게 만들었을까? 사람들이 집착하는 것은 성공이다. 성공의 의미와 기준은 사람마다 다르겠지만 대부분 외적인 성공에 집착한다. 경제적 성공, 소유, 외모와 사회적 지위. 나는 없고, 나를 둘러싼 환경만이 존재한다. 목표를 정해서 그것을 향해 달려가야 한다고 배웠지만, 대부분은 목표 자체를 생각하지 않는다. 그저 남들보다 잘살겠다는 목표 아닌 목표로 달려간다. 내 삶이라고 다르겠는가. 그냥 숨만 쉬며 목표 없이 달리는 말 그대로 소비만 하는 삶이다.

이런 생각이 들 땐 어떻게 해야 할까? 이런 삶을 살고 있다는 자체도 모를 테다. 많은 사람들이 삶에 찌들어 사는 대로 살아간다. 흘러가는 시간에 나를 맡기고 어디로 가는지도 모른 채 떠밀려 간다. 뜨기 싫은 눈을 억지로 뜨고 억지로 하루를 소비한다. 어떻게 하루가 지나가는지도 모른 채 말이다. 이런 삶을 살고 있다는 것을 이제는 인지해야 한다. 이제는 알아차려야 한다.

한숨이 지속된다면 신호다. 유난히 한숨이 연거푸 터진다면 나에게 물어봐야 한다. "나는 무엇을 원하는가? 나는 어떤 의미를 찾고 싶은가?"라고 꼭 물어봐야 한다. 한숨을 절대로 간과해서는 안 된다. 나에게 보내는 작은 신호를 절대로 무시하면 안 된다.

마음의 목소리에 귀를 쫑긋 세워야 한다. 한가한 소리나 하고 있다고 말할지도 모른다. 식상한 말이라고 생각할 수도 있다. 그러나 중요하다. 마음의 소리를 듣는 것은 정말 중요하다. 무시하고 소외되고 있는 그 목소리를 잘 들어야 한다. 이제는 그 목소리를 듣고 그 목소리에 귀를 기울여야 한다. 그 목소리만이 진짜 나를 찾아 줄 수 있기 때문이다. 내가 그 목소리를 듣고 따라갈 때 진짜 나를 찾을 수 있으며, 그 행동은 삶의 의미를 찾는 첫걸음이 된다.

어쩌면 목표 없는 삶이 자유롭다고 생각할 수도 있다. 그때그때 마음 가는 대로 사는 게 더 신나는 삶이라고 말할 수도 있다. 그럼에도 우리는 왜 사는지에 대해 고민해야 한다. 겉으로 보이는 성공과 물질에 대한 소유만이 전부가 아니다. 진짜 나를 찾아 보고, 몸과 마음이 풍요롭고, 안정된 마음을 목표로 삼아야 한다. 삶의 목표는 내가 진정으로 가치를 느끼고 행복을 느낄 수 있는 것들을 향할 때 그것에 도달할 수 있다.

숨만 쉬며 소비하는 늪에서 벗어나고 싶다면 나에게 솔직해져야 한다. 타인의 말, 사회적 기준, 환경에 휘둘리지 말고, 내가 정말로 원하는 것이 무엇인지 파악해야 한다. 과거에 대한 후회와 미래에 대한 불안에서 멀찌감치 떨어져야 한다. 현재에 집중해야 한다. 오늘, 지금, 이 순간 이곳에서 주는 일상의 경험을 만끽해야 한다.

시뻘겋게 물든 저녁노을을 보며 감탄사를 외치고, 가족과 함께 간 바닷가에서 바비큐 파티를 즐긴다. 아이와 함께 놀이동산에서 바이킹을 타고 소리 지르고 동네 둘레길을 걸으며 다람쥐와 인사를 나누는 일. 지극히 일상적인 순간들 속에서 행복을 발견해야 한다. 소확행을 그렇게 외치지 않았는가. 숨만 쉬며 소비하는 삶에서 벗어나, 숨을 쉬며 생산하는 삶으로 바꾸는 건 한 끗 차이일 뿐이다. 그 한 끗 차이로 나의 인생을 리모델링해 보자.

8. 힘든 여정의 빛: 따뜻한 추억

　동구릉 근처에서 업무 미팅이 있다. 동구릉은 경기도 구리시 인창동에 있는 조선 시대의 왕릉군(王陵群)이다. 나에겐 추억의 장소다. 20년도 훨씬 넘었다. 초등학교 4학년 기말고사 때까지 나는 이 근처 초등학교(당시엔 국민학교)를 다녔다. 도농리, 내가 살던 동네 이름이다. 지금은 다산 신도시가 들어서 몰라볼 만큼 변했다. 어릴 적 살던 곳이 어딘지 가늠하기 힘들 정도다.

　아파트가 하나도 없던 그 시절, 그곳은 다 논밭이었다. 친구들과 뛰어다니며 메뚜기를 잡아서 볶아 먹고, 하교 후에는 달고나 맛에 푹 빠져 있기도 했다. 철길 밑을 빠져나오면 포장마차 떡볶이집이 있었다. 그곳에서 떡볶이와 순대를 100원, 200원어치 사 먹는 게 낙이었다. 산으로 들로 친구들과 뛰어다니기 바빴다.

어릴 때 우리 집은 부유하지 않았다. 대문을 열고 들어가면 대여섯 집이 붙어 있었고 거의 끝자락에 우리 집이 있었다. 가운데에 주인집을 두고 좌우로 두세 집씩 있었고, 맞은편에는 창고와 공용 수돗가, 공용 화장실이 있었다. 화장실을 갈 때면 늘 무서웠다. 까마득한 어둠 위에 앉은 것 같은 무시무시한 푸세식 화장실이었다. 그나마 발판이 나무가 아닌 시멘트로 되어 있는 것을 다행으로 생각했다. 밤에는 주황색 전구를 켜고 쪼그려 앉아 "안 무섭다." 하고 계속 외치고 있어야 그나마 견딜 수 있었다. '파란 휴지 줄까? 빨간 휴지 줄까?' 공포 이야기가 유행할 땐 화장실 가는 것이 정말 괴로웠다. 가뜩이나 무서움이 많은데 그 공포까지 견뎌 내야 했다.

아빠는 도농리에서 광명까지 회사를 다니셨다. 지하철이나 버스가 잘되어 있던 시절도 아니다. 이제 와 생각하니 출퇴근에 몇 시간이나 걸리셨을까 아찔하다. 아침에 출근하시면 다음 날 낮에 퇴근하시고, 오후에 출근하시면 다다음 날 아침에 퇴근하셨던 것 같다. 엄마는 부업으로 옷에 구슬이나 스팽글, 반짝이 같은 것을 장식하는 일을 하셨다. 안경 너머로 눈을 찌푸리며 참 열심히도 하셨던 기억이 난다.

매일 연탄불이 꺼질세라 때가 되면 연탄불을 갈던 엄마 모습이 떠오른다. 정확하게 기억나는 것은 아니지만 연탄가스에 사고가 날 뻔한 적도 있었다. 네 식구가 한방에서 켜켜이 누워 잤다. 자다가 오래된 장롱 문이 떨어져 머리를 덮친 적도 있었다. 겨울이면 물을 끓여

세수를 했고, 가을이면 창고에서 귀뚜라미 소리가 요란했다.

도농리에서 살았던 약 5년은 내 유년 시절 기억의 대부분을 차지한다. 가끔씩 어린 시절을 떠올려 보면 기억이 잘 나지 않는다. 5살 때쯤 바닷가에 살았던 기억, 스프링 말을 타다 떨어져 깁스한 기억, 그리고 도농리의 기억이 전부이다. 아무리 떠올려 봐도 기억나지 않는다. 다른 사람들은 어릴 때의 기억을 한가득 가지고 사는데, 나는 왜 기억나지 않을까? 떠올리지 못하는 것일까? 떠오르지 않는 것일까?

추억을 먹고 산다는 말이 있다. 잠든 아이 옆에서 소리 없이 눈물만 쏟아 내는 날이 이어졌을 때 가끔 도농리의 기억이 떠올랐다. 그곳에서의 나는 가난했던 기억보단 동네 친구들과 미친 듯이 뛰어놀던 기억이 훨씬 많다. 장난감이 없고, 놀이터가 없어도 숨바꼭질, 오징어 게임, 고무줄, 땅따먹기, 꼬리잡기, 방방이, 달고나 등 수많은 놀이를 하며 놀았다. 너무 놀아서 엄마한테 혼난 적도 많았지만, 참 신났었다.

그 추억은 남극의 추위만큼 냉랭한 마음에 온기를 감돌게 했다. 좁쌀만 한 빛도 비집고 들어올 틈 없는 마음에 햇살을 부어 주었다. 비록 잠깐이지만 추억은 이따금씩 찾아와 멈추고 싶던 심장을 다시 작동하게 했다. 하루하루 견디기 힘든 현실에 쌉싸름하지만 달콤한 웃음을 선물해 주었다.

사람들은 좋은 기억과 나쁜 기억 중에 좋은 것만 기억하려는 심리가 있다. 나 스스로를 보호하기 위한 본능적인 현상이다. 좋은 것만 기억에 남겨서 '그때 참 좋았지.' 하는 추억으로 남게 만든다. 도농리의 추억처럼 말이다. 엄마한테 혼나고, 집에서 쫓겨나고, 하루에도 몇 번씩 가야 하는 화장실이 무서웠지만, 그곳을 떠올리면 웃음이 절로 지어진다. 언제라도 가고 싶은 곳이다. 그리운 곳이다.

살면서 우리에게 좋은 시간만 있을 순 없다. 지독하게 아픈 이별도 찾아오고, 처절하게 고통스러운 순간도 찾아온다. 치사하고 더럽고 비참한 일도 겪는다. 그때 한 가지쯤 떠올릴 수 있는 추억을 마련해 두면 좋겠다. 막막한 어둠 속에 촛불이 되어 줄 그런 추억 하나. 이따금씩 꺼내 볼 수 있는 추억 하나. 잊혀 가더라도 여전히 내 안에 살아 있는, 작은 추억 하나. 마음속 어딘가에 살포시 숨겨 두면 좋겠다. 가끔씩 불쑥 나타나 무미건조한 사막의 오아시스처럼 촉촉함을 선물해 줄 테니 말이다.

PART 2

마흔의 거울 앞에서

1. 시간의 위로: 지나가는 순간들

 사전에는 "어떤 물질에 대해 몸이 지나치게 예민하게 반응해 생기는 탈"이 '알레르기'라고 적혀 있다. 보통 알러지라는 표현을 사용하지만 '알레르기'가 정확한 표현이다.

 20대 초중반쯤 이유 모를 알레르기에 시달렸다. 어느 날 슬그머니 찾아온 그 녀석에게 대략 5~6년은 고통을 받아야 했다. 무엇에 닿기만 하면 피부가 벌게졌다. 심지어 부어오르기까지 했다. 책상에 팔뚝을 기대면 팔뚝에 벌건 줄이 쑥 올라왔다. 딱 기댄 모양 그대로. 손으로 몸 어딘가를 긁으면 그 모양대로 뻘겋게 불룩 올라왔다. 살짝 긁었는데도 말이다. 바다나 강에서 물에 들어가면 종아리, 허벅지까지 역시 벌겋게 변했다. 물에 닿았기 때문이다. 글자를 쓰면 글자가 몸에 새겨졌다.

그뿐만 아니다. 상처가 생기면 아물지 않았다. 작은 상처 하나를 중심으로 퍼져 나가고 진물이 흘렀다. 어떤 때는 눈을 제외하고 온 얼굴에 난리가 나 판다의 얼굴을 한 적도 서너 번 있었다. 넘어져서 무릎에 상처가 생기면 진물이 흐르고 상처가 번져 나갔다. 후시딘, 마데카솔을 바르면 아물고 새살이 솔솔 돋아야 하는데, 오히려 상처가 더 번진다. 그때는 하얀 소독약만이 내가 쓸 수 있는 유일한 약이었다.

이유라도 알면 그에 맞는 치료라도 할 텐데 이유를 모르니 답답할 뿐이었다. 피부과에서 꽤 오래 약을 먹었지만 가려움을 잠시 잠잠하게 하고 상처를 살짝 더 빨리 아물게 해 줄 뿐 크게 도움이 되진 않았다. 몸속 어딘가에 문제가 있나 싶어 한의원에서 한약도 지어 먹었다. 소용없었다. 그렇게 5~6년을 그 녀석과 사투를 벌여야 했다. 솔직히는 일방적으로 당한 꼴이다. 괴로웠다. 고통스러웠다. 혹시라도 상처가 생길까 늘 노심초사했다. 상처가 생겨 진물이 나기 시작하면 재빨리 병원으로 뛰어가 주사를 맞고 약을 먹었다. 하루라도 늦어지면 돌이킬 수 없을 정도로 상처가 커졌다.

나를 괴롭히던 그 녀석은 언젠가 소리 없이 사라졌다. 나도 모르게 왔다가 나도 모르게 가 버렸다. 언제부턴가 팔을 긁어도 부어오르지 않았다. 글씨가 새겨지지도 않았다. 마데카솔과 후시딘도 잘 바른다. 가끔 상처가 덧나긴 하지만 예전 그 녀석에 비하면 아무것도 아니다.

유난히 피곤함이 지속되던 어느 날, 피로에 도움이 된다고 하여 아로마 오일을 귀 뒤쪽에 발랐다. 이삼일 정도 발랐을까. 그 부위가 올록볼록 부어올랐다. 가렵고 벌게졌다. 평소엔 아무렇지도 않았던 오일이었는데 그날따라 그랬다. 병원으로 달려가 먹는 약과 바르는 약을 처방받았다. 오일을 바르지 않은 팔뚝과 무릎 근처 종아리에도 좁쌀만 한 것들이 벌겋게 올라온다. 신경 쓰인다. 이럴 때마다 예전의 악몽이 떠오른다. 확 번질까 불안하다.

누구에게나 알레르기 같은 상처들이 있다. 무언가를 건드렸을 때 툭 올라오는 유독 예민한 부분들 말이다. 종이에 그린 그림이라면 지울 수 있지만 마음에 생긴 상처이기에 지울 수도 없다. 박박 지우려고 애쓸수록 지워지기는커녕 덧날 뿐이다.

분홍 코끼리의 저주라는 말이 있다. 분홍 코끼리를 떠올리지 말라고 하면 분홍 코끼리만 자꾸 떠올린다는 것이다. "생각하지 말자. 생각하지 말자.", "잊자. 잊자.", "두려워하지 마. 두렵지 않아." 이런 말들을 한다고 그런 생각들이 싹 없어질까? 경험해 본 사람이라면 알 것이다. 더 생각나고, 더 잊지 못하겠고, 두려움이 더 밀려온다는 것을 말이다.

원치 않는 생각, 잊어버리고 싶은 기억, 밀려오는 두려움과 멀어지고 싶다면 억지로 밀어내서는 안 된다. 내 집에 온 손님을 문전박대하면 기분이 몹시 나쁠 것이다. 그런 생각들도 마찬가지다. 그냥 떠오르게 내버려 두어야 한다. '왔구나. 잠깐만 있다 가렴.' 이런 마음으로 그들을 맞아 주어야 한다. 불쑥 찾아온 반갑지 않은 손님이라도 반갑게 맞아 주는 여유를 가져 보자. 반갑지 않더라도 문전박대는 하지 말자. 만나고 싶지 않더라도 애써 보내려고 하지 말자.

분명 이 또한 지나간다.

2. 나와의 댄스: 밀당의 리듬

딸기아이스크림을 먹을까? 초코아이스크림 먹을까?
둘레길을 걸을까? 중랑천을 걸을까?
심리학을 공부할까? 마케팅을 공부할까?

선택은 늘 어렵다. 한 번도 시원하게 '이거다!'라고 선택을 한 적이 없다. 이런 고민을 하는 것도 최근에서야 가능해졌다. 모든 대답이 '아무거나, 아무 데나'로 단순했던 시절에 비하면 그래도 나아졌다고 해야 할 판이다.

인생은 선택의 연속이다. 늘 이 길과 저 길 사이에서 어떤 선택을 할지 고민하고 또 고민한다. 교차로에서 나갈 길을 몰라 헤매는 자동차처럼 결정을 내리지 못해 갈팡질팡하기도 한다. 때론 잘된 결정을, 때론 잘못된 결정을 내릴 수도 있다. 그것이 잘된 결정인지 잘못된 결정인지는 시간이 흘러야 알게 될 테지만. 당시엔 그저 최선을 다해 결정을 내릴 뿐이다.

지금의 나는 그 꿈과는 정반대의 삶을 살고 있다. 늘 말하지 않았던가. 인생은 알 수 없다고. 우아하지도 않고 안정적이지도 않다. 물 아래서 미친 듯이 발버둥을 치는 백조처럼 냉혹한 현실 속에서 벗어나고자 몸부림치고 있다. 후퇴하지 않고 제자리를 지키는 것만도 감사해야 할 지경이다.

안정을 찾고 싶다. 그래서 또 변화를 꿈꾼다. 아니 변화해야만 한다. 이렇게 살다간 고만고만한 삶에 찌들어 버릴까 두렵다. 아이는 커 가고, 들어갈 돈은 점점 많아진다. 이제 겨우 나가는 돈과 들어오는 돈이 그나마 맞아떨어졌는데, 들어갈 돈이 많아지니 한숨만 늘어간다. 더 들어올 구멍은 없는데, 어떻게 메꿔야 할지 갑갑하다.

『더 플러스』의 저자 조성희 작가는 귀신 나올 것 같은 옥탑방에서 시작해 지금의 성공을 이뤄 냈다. 겨울엔 오리털 파카를 입고도 오들오들 떨어야 했고, 수압이 약해 졸졸 나오는 물에 한참 머리를 감아야 했다. 그럼에도 그녀는 절망하지 않고 많은 도전과 좌절을 이겨 냈다. 전 세계를 돌며 강연하는 마인드 파워 전도사가 되었다.

수많은 성공 스토리를 접하며 나도 변화해야 한다고 마음속에선

늘 외쳐 댄다. 그러나 돈을 많이 벌지는 못해도 그나마 편안한 지금의 자리 또한 떠나고 싶지 않다. 매달 돈에 쪼들리며 잠깐의 편안함을 추구하며 쭉 살지, 고단하더라도 변화를 꿈꾸며 더 나은 미래를 선택할지. 몇 년째 그 사이에서 갈등하고 있다. 변화하고 싶은 나와 변화하고 싶지 않은 내가 매일같이 밀당을 하며 누가 이기나 내기를 하고 있다.

'안 되겠다. 변해야겠어! 이렇게 살면 안 돼. 돈을 벌어야겠어. 나도 할 수 있어!' 하루는 열정이 넘친다. 의욕이 활활 불타오른다. 못 할 것이 없을 것처럼 도전할 용기로 벅차오른다. '아냐. 할 줄 아는 것도 없는데 뭘 해. 여기 있다 보면 어떻게 되지 않을까?' 소심이가 고개를 빳빳하게 들어 올린다. 파이팅 넘치던 그 모습은 온데간데없다.

변화와 편안함, 도전과 안정감 사이의 밀당은 오늘도 계속된다. 하루는 변화가, 하루는 편안함이, 어제는 도전이, 오늘은 안정감이 서로의 힘을 으스댄다. 끝날 것 같지 않은 갈등은 매일 계속된다. 이 밀당 어떻게 종지부를 찍을 수 있을까? 이 밀당에 결론을 내릴 수 있긴 한 걸까?

가장 중요한 것은 '나'이다. 나에게 가장 중요한 것은 무엇일까? 나는 어떤 가치를 추구하고 싶은가? 나는 어떤 삶을 살고 싶은가? 인생의 종착지에서 나는 어떤 모습이고 싶은가? 이 질문들에 대답할 수 있는가. 대답할 수 없다면 혹은 대답이 망설여진다면 고민해야 한다. 나에 대해서 관심을 가지고 들여다봐야 한다. 내 목소리에 귀를 기울이는 것이 제일 중요하다. 마음속에서 외쳐 대는 그 외침을 무시하지 않고 새겨들어야 한다. 변화와 편안함 사이에서, 도전과 안정감 사이에서 내가 갈등하는 것이 무엇인지 알아내야 한다. 알아내지 못하면 끝이 없는 밀당은 계속될 것이다.

"어제와 똑같이 살면서 다른 미래를 기대하는 건 정신병 초기 증세다." 알베르트 아인슈타인의 말이다. 늘 다른 미래, 더 나은 미래를 기대한다. 더 좋은 미래를 꿈꾼다. 그런 미래를 위해 나는 어제와 다른 오늘을 살고 있을까? 밀당을 하는 것도 다른 미래를 기대하기에 가능하다. 아무 기대도 없다면 밀당할 일도 없다.

변화든 편안함이든 도전이든 안정이든 그 중간 어디쯤이든, 중요한 것이 무엇인지 생각해야 한다. 내가 진짜 원하는 것이 무엇인지 알아야 한다. 무엇보다 가장 중요한 것은 '나'이다. 내가 빠진 것은 의미가 없다. 나를 중심에 놓고 찾아봐야 한다. 그것이 무엇이든.

노트북을 연다. 내가 진짜 원하는 것이 무엇인지 탐구하러 전원을 켜 본다.

3. 인생의 굴곡: 어쩔 수 없는 순간

 푹 쉬고 싶은 일요일 점심 아이와 집을 나섰다. 버스로 이십여 분 거리에 있는 미용실에 가기 위해서다. 반곱슬에 머리숱이 많은 아들. 2학기를 수월히 보내기 위해 모발을 잠재우러 가는 날이다.

 내 아들 아니랄까 봐 내 모발을 똑 닮았다. 중고등학교 때 귀밑 삼 센티미터가 교칙이었던 것이 정말 싫었다. 반곱슬에 머리숱이 많아 버섯 머리였다. 비라도 내리면 성난 사자 얼굴처럼 머리가 꼬불꼬불 부스스 난리다. 아무리 드라이기로 눌러도 효과가 없다. 길이가 길기라도 하면 질끈 묶으면 될 텐데, 귀밑 삼 센티미터로 잘라야 했기에 늘 머리와 씨름을 해야 했다. 머리에 한이 맺힌 나는 '수능만 끝나 봐라. 다시는 머리를 안 자를 테다!' 다짐했다. 수능 시험 이후로 13여 년간 긴 머리를 고수했다.

초등학교 저학년 때까지는 엄마 말도 잘 듣던 아들은 고학년으로 올라가면서 자기만의 취향이 생겼다. 머리를 못 자르게 한다. 앞머리는 커튼처럼 길게 기르고 다닌다. 미용실 한 번 가려면 몇 날 며칠을 어르고 달래고, 흥정하고, 립 서비스를 해야 했다. 드럽고 치사하다. 아들 머린데 왜 엄마인 내가 이렇게 안달을 해야 하는지. 5학년 일 년은 거의 매일 아침 매직기로 머리를 펴고, 드라이기로 앞머리를 만들어서 등교시켰다. 조금이라도 마음에 안 들면 짜증을 내는 아이 때문에 아침이 전쟁이었다. 파마라도 하면 될 것을 왜 싫다고 하는지. 도대체 어쩌란 말인가. 답답하고 속이 터졌다.

코로나 시기엔 마스크 때문에 돌아 버리는 줄 알았다. 세균덩어리를 왜 화장대 위에 올려놓는 것일까. 3년 내내 쓰레기통에 버리라는 말을 수천 번은 했다. 그래도 아들은 코로나가 끝날 때까지 지조 있게 행동했다. 뚝심 하나는 끝내준다. 밥도 차려 주면 잔소리하기 전에 먹었으면 좋겠다. 배고프다고 난리칠 때는 언제고 차려 놓으면 세 번 이상은 말을 해야 올까 말까다. 불러도 대답이 없고, 툭하면 욱하고. 도저히 이해하고 싶어도 불가능해 보인다.

'모친은 선천적으로 자극 추구 성향이 약한 반면, 아들은 자극 추구 성향이 강합니다. 모친은 심사숙고하고, 절제하며, 질서 정연함을 선호하는데 아들은 충동적이며, 에너지·감정의 절제가 어려운 편입니다. 모친에 비해 재미를 추구하고 쉽게 흥분할 수 있습니다.'
TCI라는 기질검사 결과다.

갓난아기와 대화하는 것처럼 아들을 이해할 수 없었다. 머리로 이해하고 가슴으로 넘어와야 납득이 되는 나인데, 그 과정을 무시하더라도 도저히 이해할 수 없었다. TCI 검사 결과지를 보고서야 알아챘다. 꽉 막힌 변기가 뻥 뚫린 것처럼 머릿속이 시원해졌다.

아들과 나는 극과 극의 기질이다. 만나려야 만날 수 없다. 이해하려는 시도 자체가 무의미하다. 이해하는 것으로는 해결할 수 없는 영역을 이해하려 했다. 나도 아들을 도저히 이해할 수 없지만, 아들도 나를 이해할 수 없었을 테다. 서로를 이해하지 못한 채 서로를 탓하며 서로에게 상처를 주었다.

6학년이 되면서 아들은 볼륨 매직을 했다. 몇 번이나 망설이다 결국 했다. 취향이 확고한 아이라 미용실을 고르는 것부터 신중을 기했다. 다행히 만족해했다. 헤어스타일 때문에 매일 앙칼진 찬 바람을 온몸으로 맞아야 했었는데 이젠 따스한 봄날이다. 앞머리에 커튼을 치고 가든지 말든지 본인의 몫이다. 그러다 말겠지. 또 취향이 바뀔 테니 말이다.

서로의 기질을 알고 난 이후로 이해하기를 멈췄다. 고상하게 표현하자면 서로의 기질을 그대로 받아들이기로 했다. 직설적으로 표현하면 포기했다. 이해하는 거 자체를. 내 기질조차도 어떻게 할 수 없는데 어떻게 아이의 기질을 바꾸겠는가. 바꾸려고 하는 것은 서로를 망가지게 할 뿐이다.

기질을 안다고 해도 살다 보면 또 부딪친다. 그렇게 사랑해서 결혼한 사람도 징그럽게 싸우는데, 내 배 아파 나았다고 안 싸우겠는가. 이웃집 아이를 대하듯 내 아이를 대하라는 말의 의미를 이제야 체감한다. 어쩔 수 없는 것을 어찌하려고 애쓰지 말자. 어쩔 수 없는 것은 어쩔 수 없다. 받아들이자. 나를 위해.

4. 자존심의 주인: 누구를 위한 울타리

핸드폰 진동이 울린다. 심장이 '쿵' 내려앉는다.

"네, 선생님. 안녕하세요?"
"어머님, 잠시 통화 가능하세요?"

한껏 떨린 목소리로 받은 전화는 아이의 담임선생님이다. 초등학교에 입학한 지 한 달도 되지 않았는데 벌써 여러 번 담임선생님과 통화를 했다. 아이가 다른 아이의 얼굴을 꼬집었다는 이유로, 배를 때리고, 화를 내고, 나쁜 말을 했다는 등 여러 가지 이유로 전화가 걸려 왔다. 급기야 선생님께서는 학교 외부에서 따로 만나자는 제안까지 하셨다. 심장이 두근거리기 시작했다.

이혼한 지 어느덧 5년. 부모님과 함께 살면서 나름의 소신을 가지고 아이를 키웠다. 살아야 하기에 이른 아침부터 늦은 시간까지 일을 했다. 아이를 볼 수 있는 시간은 어린이집 보내기 전과 아이가 잠든 밤, 주말이 전부였다. 저녁 7시가 되어야 집에 돌아오는 아이는 할머니, 할아버지와 저녁을 먹고 놀다 잠이 든다. 한창 생떼를 부릴 나이라 할머니가 많이도 업어 주고, 달래 주며 힘들게 키우셨다. 나는 조금 엄격했던 반면 할아버지, 할머니는 아이 말이라면 다 들어줄 정도로 사랑을 듬뿍 주셨다. 아마도 안쓰러운 마음도 크셨을 것이다.

언제부턴가 아이는 그림을 그리고 맘에 들지 않으면 찢어 버렸다. 블록을 쌓다가도 실수하면 부숴 버렸다. 맘대로 되지 않으면 심하게 소리 지르고 우는 일이 자주 반복되었다. 나는 이상하게 생각하지 않았다. 그저 그 또래에 흔히 있는 일이라고 생각했다. 초등학교 입학 후 선생님께서도 같은 이야기를 하셨다. 수업 시간에 맘에 들지 않으면 화를 내고 짜증을 내고, 찢어 버리고, 부수어 버리는 일이 종종 있다고 하셨다. 다른 아이들과 좀 다르다는 이야기를 몇 번이나 들었다. 다른 아이 엄마들에게 몇 번이나 사과 문자를 보내고서도 전혀 아이가 이상하다고 생각하지 않았다.

학교에서 전체 학생을 대상으로 진행된 심리검사에서 ADHD라는 결과가 나왔다. 황당했다. '학교 검사라 어설픈가 보다.'라고 생각했다. 학교에서는 결과에 따라 상담사를 연결해 주었다. 상담사는 병원 상담을 권유했다. 나는 받아들일 수 없었다. "내 아들이 ADHD라고? 집중 조금 못 한다고 ADHD라는 거야? 초등학교 1학년이 집중을 너무 잘해도 문제 아닌가?" 결과를 부정했다. 이후 몇 달간 담임선생님과의 통화는 지속되었고, 아이 행동도 날이 갈수록 과격해졌다. 학교에 가기 싫어했고, 우리는 싸우는 횟수가 잦아졌다. 나도 사람인지라 언성이 높아지고 예민해져 갔다. 밤에 잠든 아이를 보면서도 화가 났다. 안쓰러운 마음과 힘든 마음이 교차했다.

지독한 쓴맛을 경험하고서야 선생님을 찾아갔다. 선생님의 권유대로 심리상담사를 만나 다시 검사를 진행했고 결과는 마찬가지였다. 도저히 수용할 수가 없었다. 부정하고 또 부정했지만, 지친 나의 마음은 결과를 꾸역꾸역 받아들일 수밖에 없었다. 급기야 상담사는 병원 상담까지 권했다. 화가 나고 자존심이 상했다.

"왜? 내 아이가 정신병원 상담을 받아? 이 나이 때는 이럴 수도 있는 거 아냐? 정확하지도 않은 결과잖아. 무슨 근거로 판단을 하는데…."

생각할수록 화가 났고 이런 상황이 이해가 안 됐다. 절망스러웠다. 더 솔직히는 내 자존심이 허락하지 않았다. 차라리 피가 철철 나서 아프다면 당장 들쳐 업고 병원이라도 뛰어갈 텐데. 그것도 아니고 신경정신과를 내 발로, 내 아이를 데리고 간다는 것은 상상해 본 적도, 상상하기도 싫었다.

여름 방학 동안에도 지속된 돌봄 선생님과 잦은 통화로 내 인내심은 한계에 다다르고 있었다. 2학기를 맞이할 무렵 결국 신경정신과를 예약했다. 떨어지지 않는 발걸음을 옮기며 남들의 시선을 잔뜩 의식한 채 병원으로 향했다. 3시간에 걸친 종합 심리검사에서도 결과는 마찬가지였다. 더 이상 부인할 수가 없었다.

ADHD 진단을 받고 약을 복용하기 시작했다. 그 후 두 달 정도 됐을 때 심장을 때리는 전화가 걸려 왔다. 담임선생님이었다. 또 무슨 일을 저질렀을까? 가슴이 두근두근 방망이질했다. 염소 목소리로 전화를 받았다.

"네… 선생님."
"어머님, 통화 괜찮으세요?"
"네…."
"어머님, 오늘은 칭찬하려고 전화드렸어요."

순간 내가 잘못 들었나 싶었다. '칭찬이라니, 무슨 칭찬?' 떨리는 목소리로 통화를 이어 나갔다. 약을 먹고 두세 달 동안 아이는 많이 안정되어 보인다고 했다. 선생님과의 대화도 원만해졌고, 화도 많이 줄었다고 했다. 집중력도 높아졌다고 했다. 전화를 끊고 흥분되어 한동안 진정할 수가 없었다. 선생님도 상담사도 격려를 아끼지 않았다. 쉽지 않은 결정이었을 텐데 용기를 내 주어서 오히려 감사하다고 했다. 예전의 그 막막함과 자존심은 다 잊어버린 채 하염없이 눈물만 흘렸다.

　아이는 지금 6학년, 약을 먹은 지 5년이 다 되어 간다. 몇 번의 사건, 사고는 있었지만 큰일 없이 지내 왔다. 소량 복용 하는 약임에도 4학년 때 학교에서 진행한 심리검사에서는 '양호'라는 결과가 나왔다.

　'그때 약을 먹지 않았으면 지금 어떻게 됐을까? 내 자존심 때문에 아이를 망칠 뻔했구나.' 그때 생각으로 가슴을 쓸어내렸다. 진단을 받고 병원에 발을 들여놓기까지 아이의 상태보다 내 자존심과 싸워야 했다. 부끄럽고 창피해하는 내 마음이 병원을 허락하지 않았다.

　아이가 세상에 나오던 날, 손가락과 발가락이 5개인지 확인하고 태어나 줘서 고맙다고 했었다. 아프지 말고 건강하게만 자라 달라고 기도했었다. 아이의 존재 자체만으로도 놀라워하고 기뻐했던 그때의 나는 온데간데없다. 오로지 자존심 때문에 아이의 상황을 부정하고 또 부정했다. 모든 생각을 내려놓지 않으면 상황만 더 악화될 뿐이라는 결론에 도달했을 때가 돼서야 비로소 수긍했다. 아니 수긍할 수밖에 없었다.

　그때의 난 그랬다. 아이의 일이 아니었다면 아직도 나를 내려놓는 일은 없었을 것이다. 자존심을 지키기 위해 어떤 희생도 하지 않았을 것이다. 혹독했던 한 번의 경험은 나를 내려놓을 수 있는 용기를 내게 했다. 그깟 자존심 없어도 사는 데 전혀 지장이 없다는 것도 알게 해 줬다. 누구를 위한 것인지도 모르는 그 알량한 자존심이 밥 먹여 주지도 않는다는 것을 이제야 마음에 기록할 수 있었다.

5. 삶의 퇴장: 새로운 시작을 위한 종료

 마음에 들지 않는다. 어느 한구석 마음에 드는 곳이 없다. 변화를 주고 싶지만 녹록지 않다. 마음은 이미 화사한 빛깔로 단장했지만 현실은 누리끼리하다.

 30년이 넘은 아파트에 살고 있다. 결혼 전 살았던 집이고, 이혼 후 다시 돌아온 집이다. 안방을 내주신 부모님 덕분에 지난 6~7년 간 아이와 편하게 지냈다. 마음은 가시방석이었지만 거지꼴은 면할 수 있었다. 이제 좀 살 만해진 건가. 고단한 몸 하나 누일 수 있으면 됐는데 이젠 누런 벽지가 눈에 거슬린다.

 색 바랜 벽지, 오래된 짙은 나무색 화장대, 얼룩진 꽃무늬 커튼,

무슨 글자인지도 모르는 커다란 액자. 어느 하나 취향에 맞는 것이 없다. 게다가 낡기까지 했다. 내 집도 아닌 얹혀살고 있는 주제에 바꾸자 말자 할 처지도 아니다. 방 하나 주신 것에 감사하며 구석구석 짐을 구겨 넣고 살고 있다.

지금 내 모습 같다. 낡고 구겨진 것, 딱 지금의 나다. 이혼이 죄도 아닌데 무기징역을 받은 것 같다. 누가 알아볼까 고개를 푹 숙인 채 신발만 보며 걷는다. 저 멀리 아는 사람이라도 보이면 얼른 발길을 돌려 다른 길을 찾는다. 주민 센터에 가서 한부모 신청을 해야 하는데 부끄럽다. 창피하다. 지금의 내가 참 후지다.

'어쩌다 이렇게 후진 삶을 살게 됐을까?', '언제까지 구겨진 채로 살아야 할까?' 벗어나고 싶지만 벗어날 수 없는 현실이 야속하다. 남들은 다 잘 살고 있는 것 같은데 나만 뒤처지는 것 같아서 불안하고 두렵다. 아이는 커 가고 모아 놓은 돈은 없고, 미래가 암울하다. 매일 죽어라 일은 하는데 나아지지 않는 현실이 믿을 수 없다.

더 이상은 안 되겠다. 인내심이 한계에 다다랐다. 누리끼리한 벽지를 뜯어내지 않으면 평생 낡아 빠진 이곳에서 살아야 할 것 같다. 작정하고 부모님께 말씀을 드렸다. 벽지를 바꿔야겠노라고. 안방 하나 바꾸는 일이지만 쉽게 엄두를 낼 수 없는 일이기에 바로 찬성하진 않으셨다. 몇 달에 걸쳐 몇 번의 설득 끝에서야 허락을 받을 수 있었다.

가장 쉽고 빠르게 바꿀 수 있는 벽지를 찾아 헤맸다. 이럴 땐 참 살맛나는 세상이다. 풀이 발라진 벽지를 택배로 받을 수 있었다. 일찍 퇴근을 한 날 천장을 제외하고 눈에 보이는 곳만 벽지를 발랐다. 아들 취향에 맞게 하늘색으로 붙였다. 잘 붙이고 싶은 마음과는 다르게 벽지는 제멋대로다. 삐뚤빼뚤, 들쭉날쭉.

하늘색으로 도배된 방을 보니 속이 뻥 뚫렸다. 비록 천장은 그대로지만 새로운 세상에 온 것 같았다. 막막했던 어둠이 걷히고 밝은 햇살이 온 방 안을 감쌌다. 보는 것만으로도 기분이 상쾌했다. 그날 결심했다. 이렇게 살면 안 되겠다고. 이젠 끝내야 한다고. 낡은 벽지를 걷어 낸 것처럼 후진 내 삶에 사표를 내야 한다고 다짐했다.

'이제 나는 무엇을 먼저 해야 할까?' 지금 내 삶에 사표를 던지기 위해서 할 수 있는 것은 무엇인지 고민하기 시작했다. 제일 큰 문제는 딱히 목표가 없다는 것이다. 막연히 생활이 나아지기만을 바랐다. 생각만 많았지 쓸 만한 생각이 없었다. 과거를 후회하고, 미래를 두려워했을 뿐이었다. 정작 가장 중요한 현재에 대한 생각은 모래알만큼도 없었다. 사는 대로, 어제처럼, 그렇게 또 오늘 하루를 때웠다.

'나는 오늘 무슨 생각을 하면서 살았을까?' 이것이 가장 큰 관심사였다. 신기루처럼 흔적도 없이 사라지는 생각들을 알아내야 했다. 도망가지 못하게 잡아 둬야 했다. 가장 쉽게 할 수 있는 방법이 글자로 남기는 것이다. 사라지기 전에 후딱 낚아채야 했다. 메모의 중요성을 귀에 딱지가 앉도록 들었건만 이제야 실천하려고 꼼지락거려 본다.

메모를 시작하고 머릿속에 둥둥 떠다니는 생각들을 적었다. 출근길 버스 속에서 들었던 생각, 높은 금리를 준다는 은행 현수막, 저소득층을 위한 지원 정책 등 기억력에 맡겼다가 사라졌던 많은 생각들을 기록했다. 메모들을 보며 삶의 이곳저곳을 보수하기 시작했다.

지금의 삶에 사표를 쓰는 것은 어려운 결정이다. 살던 대로 살지 굳이 변화를 왜 줘야 하는지 이유를 물어 오는 생각과 치열하게 싸워야 한다. 오늘이 모여 미래가 만들어진다. 오늘 내가 무엇을 했는지에 따라 나의 미래도 조금씩 궤도를 수정한다. 이렇게 살면 안 되겠다는 내 목소리를 따랐을 때 나는 내가 원하는 곳으로 갈 수 있다. 가슴에만 묻어 둔 사표는 힘이 없다. 변하고 싶다면 사표를 들이밀 용기를 내자. 지금 당장 꺼내자.

6. 마음의 우편함: 감정의 편지

"별 이유 없이 긴장되고 숨쉬기 힘들어지는 게 공황장애 초기 증상인가요? 진짜 아무 이유 없이 우울할 때가 많아요. 지금도 막 긴장되고…."

얼굴도 모르는 사람들이 섞여 있는 카카오톡 오픈채팅방에서 A가 말했다. 너도나도 답글을 단다. "나도 최근 공황장애로 잠 못 잔 적 많았어.", "너 스트레스 많이 받는 일 있어?", "바빠 보이는데 외로울 틈이 있으세요?", "그럴 땐 가열하게 놀아 봐. 잊힐 거야." 각자의 마음을 담아 위로의 메시지를 남긴다.

"가끔 안 좋은 생각하고 싶을 때도 있고. 겁나요." A가 또 글을 남겼다. "병원 가 봐.", "공황장애도 감기와 같아서 충분히 나을 수 있어.", "답답하고 불안하고 무서울 때 전화해.", "비타민 D가 부족해도 우울감이 와." 아는 지식, 또는 경험 등을 동원해 A에게 도움이 되고픈 마음을 전한다.

코로나 블루라는 말이 있다. 코로나19와 우울감이 합쳐진 신조어이다. 그만큼 코로나 바이러스를 겪으면서 우울감이나 무기력감을 호소하는 사람들이 많아졌다는 이야기다. 정보가 쏟아지는 시대에 살고 있는 우리들은 나에게 일어난 증상들을 인터넷을 뒤지면서 혼자 해결하는 경우가 많다. '이 정도면 우울증 맞네. 내가 우울증이라니….' 물론 미리 예방을 하는 측면에서만 본다면 나쁠 일은 없지만 문제는 속단한다는 데 있다.

아무것도 하기 싫다. 갑자기 입맛이 없어진다. 의욕이 없어졌다. 좋아하는 운동이 하기 싫어진다. 이런 여러 가지 이유들로 인터넷을 검색하기 시작하면 우울, 무기력, 번아웃 등의 우울증 증상명이 눈에 띈다. '나 우울증 아닌가?'라며 어느 정도 의식하고 검색을 시작했기 때문이다.

보통 우울하다고 이야기하면 나가서 햇빛을 쬐어 보라든가, 운동 혹은 움직여 보라는 조언을 많이 한다. 새로운 취미를 만들어 보라는 말도 빠지지 않는다. 그런데 정말 우울한 사람이 그런 것들을 할 수 있을까?

지독한 무기력과 우울증을 겪었던 내 경험에 의하면 그런 것들을 할 수 없다. 아이와 먹고살아야 하기에 회사는 다녔지만, 도살장에 끌려가는 소 같았다. 그것 외엔 아무것도 할 수가 없었다. 내가 너무 싫어하는 행동 중에 하나인 뒹굴뒹굴하는 나를 보며 정말 경멸했었다. '도대체 너 왜 이러고 있어? 움직여. 일어나라고.' 주말이면 소파에 누워서 종일 리모컨을 돌리는 나를 보며 한심해했다. 자책하고 아무리 욕해 봤자 몸은 말을 듣지 않았다. 아무 말도 들리지 않는 시체처럼 그저 누워 있을 뿐이었다. 무엇도 나를 움직이게 할 수 있는 것은 없었다.

그런 사람에게 움직이라는 조언은… 글쎄. 걱정돼서 하는 말인 건 알지만 그다지 도움이 되진 않는다. 움직일 수 없는데 움직이라고 하니 잔소리로 치부하지 않는 것만도 고마워해야 한다. 혹시라도 우울증 증세가 있어서 인터넷을 뒤져 보고 있다면 번지수를 잘못 찾았다. 둘 중 하나다. 증세가 심각하다면 병원을 찾아야 한다. 심각하지 않다면 나를 뒤져 봐야 한다. 내가 지금 느끼는 감정이 무엇인지, 나는 이 감정을 왜 느끼는지, 찬찬히 생각해 봐야 한다. 내 마음을 들여다보고 관심을 가지라는 신호이다. 나와 대화를 시작해야 한다.

우리는 우리의 마음을 들여다보지 않는다. 아예 관심 자체가 없다. 친구가 힘들 때 누구보다 먼저 뛰어가 위로를 해 주면서 내가 힘들 땐 왜 나를 위로해 주지 않는가. 타인에게는 환하게 웃으면서 하이 톤으로 해 주는 칭찬을 왜 나에게는 해 주지 않는가. 내가 나를 위로하고 칭찬하는 것이 낯선 것은 당연하다. 내가 나와 대화하는 것이 어색한 것은 당연하다. 그래도 해야 한다. 계속 무시하다간 큰코다칠 수 있다. 타인에게 친절하듯이 내게도 친절해 보자. 다정해 보자.

오늘부터 마음속에 우편함을 설치하면 좋겠다. 위로든 칭찬이든 남에게 하듯 편지를 써 보자. 나에게 하는 것보단 편지의 형식을 빌리는 것이 쉬울 것이다. 행복, 슬픔, 분노, 즐거움, 짜증, 화까지 모두. 어떤 감정을 느꼈을 때 그 감정에 대해서 어떤 생각이 드는지, 그저 마음이 느끼는 대로 줄줄 써 보자. 모든 감정에 관심을 가져 보자. 검정색과 회색으로 꽉 찬 마음에 무지갯빛을 선물해 보자. 우울도 무기력도 슬그머니 도망가도록 내 마음과 소통하는 시간을 꼭 가져 보자.

PART 3

오늘의 나를 위한 조언

1. 조급함의 함정: 선택의 기로

심장이 벌렁거린다. 호흡이 가빠지고 머리가 어지럽다. 수전증 걸린 사람처럼 손발이 떨린다. 멈출 수가 없다. 진정할 수가 없다. 분노의 눈물과 막막함의 눈물이 뒤섞여 조용히 흐른다. 수습해야 하는데 정지한 뇌가 움직일 생각을 하지 않는다.

'이젠 어떻게 해야 하지?' 생각을 떠올려야 하는데 핸드폰만 들여다보고 있다. '아냐. 거짓일 거야. 진짜일 리 없어. 난 아닐 거야.' 애써 부정해 보지만 이미 일은 벌어졌다. 되돌릴 수 없는 엄청난 일은 그들이 벌써 작전을 끝내고 후퇴한 후였다.

이혼을 하면서 나에게 남겨진 돈은 딸랑 300만 원이었다. 그것도 겨우 손에 쥐었다. 보험 대출, 현금 서비스, 받을 수 있는 돈은

다 받아 이미 딴 곳으로 흘러들어 갔다. 파산이 진행 중이었던 내게 남은 것은 보험 하나 없이 단돈 300만 원과 혹시 몰라 숨겨 두었던 아이 돌 반지 몇 개가 전부였다.

이혼 뒷수습으로 서울에서 인천을 오가느라 정규직에 들어가기 힘들었다. 제대로 망가진 몸과 정신도 한몫했다. 아르바이트를 하며 단돈 60만 원으로 한 달을 아이와 살아야 했다. 부모님 집에 얹혀 있기에 월세 걱정, 밥걱정은 덜었지만 60만 원으로 한 달을 버틸 수 있을지 막막했다. 보험 하나 없이 아프기라도 하면 어쩌나 매일매일이 걱정이었다. 손에 움켜쥔 300만 원은 비상사태에 써야 하는 귀한 몸이 됐다.

마음은 점점 조급해졌다. 아이가 초등학교에 들어가기 전에 돈을 모아야 했다. 부모님 집에서 분가도 해야 한다. 계절마다 아이 옷도 구입해야 하고, 단돈 얼마라도 생활비에 보태야 한다. 노후 자금은 고사하고 저축할 돈도 여유가 없다. 소비만 할 뿐 모아지지 않는 통장을 보며 매일 한숨이 늘어 간다. 그럴수록 돈에 대한 집착이 심해졌다. 어떻게든 돈을 벌어야 한다는 생각이 나를 지배했다.

조급함에 떠밀려 일은 벌어졌다. 정신을 차렸을 땐 손에 움켜쥔 300만 원과 빌린 돈을 합쳐 400만 원이 날아간 후였다. 이것이 바로 보이스 피싱이라는 것이구나. 7~8년 전만 해도 보이스 피싱이란 것이 많이 없을 때였다. 정보도 많지 않았다. 한 달에 걸쳐 보이스 피싱을 당하면서도 '나는 아니겠지.' 하며 안심했다. 머리와 마음으론 '이건 아니지. 이러면 안 돼.'라고 신호를 보냈지만 부정했다. 돈이 필요했다. 돈을 모아야 했다. 없다 보니 눈에 보이는 게 없었다. 강도에게 "여기 돈 있으니 가져가세요."라고 친절하게 돈을 내 준 셈이다. 어디다 하소연도 할 수 없다. 그나마 빌린 돈은 갚을 수 있어서 다행이다. 아이 앞으로 만들어 뒀던 통장이 갑자기 생각났다. 거기엔 딱 빌린 만큼의 돈이 들어 있었다. 딱 그만큼만.

400여만 원을 뜯어간 놈들은 전화번호를 모조리 바꿔 버렸다. 경찰서에 신고도 했지만 가능성은 없었다. 그렇게 내 전 재산 300만 원은 순식간에 사라졌다. 인정하기 힘든 현실을 두고 꽤 오랫동안 자책하며 보냈다. 그런다고 돈이 돌아오는 것도 아닌데. 앞으로 어떻게 해야 할지 고민해야 하는데, 그 자리서 뱅뱅 돌고 있었다.

이제야 보이스 피싱을 당했던 과거를 벗겨 낸다. 마음 한구석에 숨겨 두고 절대로 내비치지 않았던 나의 창피한 과거를 이제야 걷어낸다. 왜? 조급할 땐 절대로 결정을 서두르지 말라는 이야기를 하기 위해서다. 비록 400만 원을 날리고, 죽고 싶다는 생각을 많이 했던 아픈 사건이지만, 나에겐 뼈 때리는 지혜를 남겼다.

그 뒤론 조급함이 밀려올 때 절대로 어떤 결정도 하지 않는다. 그럴 때일수록 오히려 결정을 미룬다. 더 냉정하게 고민한다. 또 하나는 당해 보지 않았다면 비난도 하지 말자는 내 나름의 철학이 생겼다. 보이스 피싱이 많아진 지금 그만큼 당하는 사람도 많아졌다. '얼마나 멍청하면 저런 걸 당하냐.' 뉴스를 보면서 비난의 말을 서슴없이 한다. 작정하고 달려들면 당할 수밖에 없다. 판사도 변호사도 경찰도 당한다. 누군가의 약한 부분에 칼을 꽂으면 쓰러질 수밖에 없다. 결코 멍청해서가 아니다. 당한 사람 잘못이 아니라 이용하는 사람들이 나쁜 것이다. 누굴 비난해야 할지 명백한데 왜 당한 사람이 멍청하단 것일까? 그들이 어떤 심정으로 은행에서 돈을 입금했을지 그 누가 안단 말인가.

보이스 피싱이라는 단어가 들릴 때마다 참 멍청했던 나를 떠올린다. 얼마나 멍청하면 그런 걸 당했냐고. 이젠 안다. 조급함이라는 아이가 가진 능력이 실로 대단함을. 이성을 마비시키고 낭떠러지로 몰아 복종할 수밖에 없게 만든다는 것을 안다. 그리고 기억한다. 복종당해 인생의 처참함을 받아들여야 했던 나를. 그리고 그 처참함이 지금의 나를 있게 했다.

"가끔 자신의 능력치를 웃도는 문제가 터질 때가 있습니다. 좀처럼 해결책이 떠오르지 않는다면 생각을 유지한 채 기다려 보세요. 문득 대답이 다가올 것입니다."
사이토 히토리의 『1퍼센트 부자의 법칙』에 나오는 말이다.

무언가 빨리 결정을 내려야 할 것 같은 조급함이 밀려올 때 기다린다는 것은 쉽지 않다. 조급해 죽겠는데 기다릴 정신이 어디에 있단 말인가. 하지만 기다려야 한다. 조급함에 절대 굴복당하면 안 된다. 조급함에 절대 결정권을 쥐어 주면 안 된다. 최악의 선택이 되고 싶지 않다면 조급함, 그 녀석을 멀리 차 버려라. 그리고 기다림의 미학을 가까이해야 한다.

2. 나의 콤플렉스: 드러내는 용기

 짙은 화장에 사극에서나 볼 수 있는 가체 머리. 눈에 확 띄는 한 여자의 모습에 눈길이 고정됐다. 출연자들의 고민을 해결해 주는 텔레비전 프로그램에 나온 여자는 "무당 같다.", "공연 가냐?"라는 말을 많이 들어 본인의 직업을 말하기 위해 나왔다고 했다.

 궁금했다. 그 여자의 직업은 무엇일까? 매일 하루도 **빼놓지** 않고 한 시간 반이라는 시간을 들여 화장을 하고 머리를 만든다. 24시간 같은 모습을 유지한다. 화장을 한 채로 잠이 들고 새벽 2시에 일어나 씻고 다시 화장을 한다. 그런 일이 가능할까? 왜 그런 수고로움을 기꺼이 해내는 걸까? 도대체 어떤 사연이 있는 것일까?

"어린 시절 얼굴 염증에 독한 약을 써서 피부가 썩었다. 20살 때 버스를 타고 가는데 어떤 꼬마가 '저 아줌마 얼굴이 불에 탔다.' 하고 외쳐서 주변 사람들이 다 쳐다봤다. 그때 너무 충격을 받아 그 이후 짙은 화장을 하기 시작했다. 머리를 올리기 시작하니 사람들 시선이 머리에 집중돼 내 얼굴에 흉터가 있는 줄 모르더라."

그녀가 털어놓는 사연을 들으니 납득이 됐다. 그녀의 직업은 덤프트럭 기사다. 남편 팔이 부러지면서 생계유지를 위해 기사 일을 이어받아 하게 되었다며 월 1,300만 원의 수입을 기록하기도 했다고 자부심을 드러냈다. '그때의 상처가 얼마나 컸을까? 20살이면 외모에 신경을 많이 쓸 나이인데. 얼마나 창피했으면 지금까지 그런 모습으로 살고 있을까?'라는 생각이 들었다.

사람마다 콤플렉스가 있다. "자기가 다른 사람에 비해 뒤떨어졌다거나 능력이 없다고 생각하는 만성적인 감정 또는 의식. 보다 좁은 의미로는 마음속에 응어리처럼 맺힌 감정을 이르기도 한다." 콤플렉스의 사전적 의미이다. 드러내고 싶지 않고 감추고 싶은 나만의 결점, 단점 등을 콤플렉스라고 한다. 우리가 우러러보는 연예인들도 다 콤플렉스를 가지고 있다고 말한다. 콤플렉스를 가지지 않은 사람은 없다. 나 또한 콤플렉스가 많다. 무심코 던진 돌에 개구리는 맞아 죽는다는 말처럼, 아무 생각 없이 던진 친구의 그 말은 커다란 콤플렉스가 되었다. 아주 오랜 시간 나를 많이도 괴롭혔다.

키가 작아 초등학교, 중학교 시절 키 순서로 번호를 정할 때면 1번을 달고 살았다. 작은 키 때문에 옷을 살 때도 늘 옷을 줄여 입어야 했다. 남들이 입으면 예쁘게만 보이는 옷도 내가 입으면 이상했다. 다 작은 키 때문이라고 생각했다. 별명도 '콩'이었다. 고등학교 때 같은 반 친구가 지어 준 별명이다. 작고 귀엽다고 해서 지어 줬지만 역시나 작은 키 때문에 생긴 별명이라 썩 좋지만은 않았다. 가끔은 아담한 체형이라고 위로했지만 친구가 던진 말은 그 위로마저 싹 거두었다.

"쟤, 허리 긴 것 좀 봐. 그래서 다리가 짧구나."

뇌리에 박혔다. 작은 키가 콤플렉스였는데 다리도 짧다. 거기에 허리까지 길다. 자연스레 앉은키가 크다. 이 몸을 어떻게 할 수가 없어 짜증이 났다. 그 후로 누군가와 나란히 앉는 것이 불편했다. 어디를 가도 앉는 것 자체가 어색했다. 밥을 먹으러 가도, 커피를 마시러 가도, 어디를 가도, 서 있는 시간보다는 앉아 있는 시간이 많았다. 앉아 있는 시간은 나의 콤플렉스를 드러내는 시간이다. '여기 좀 보세요!'라고 광고하는 시간이다. 신경이 곤두서기 시작했다.

옆에 앉은 친구가 혹은 동료가 '너 앉은키가 생각보다 크구나.'라는 말을 던질까 봐 불안하고 부끄러웠다. 조금이라도 앉은키를 낮추기 위해 나름의 노력을 하기 시작했다. 배에 힘을 주고 어깨를 끌어 내렸다. 의자 뒤에 엉덩이를 붙이지 않고 어느 정도 떼어서 비스

듬하게 기울여 앉기 시작했다. 아주 조금이라도 앉은키를 줄이고 싶어 피 터지게 머리를 굴렸다. 대학 시절부터 마흔이 될 때까지 거의 20년을 큰 앉은키, 긴 허리, 짧은 다리가 그림자처럼 따라다니는 돌이킬 수 없는 콤플렉스가 되었다. 친구의 말 한마디로 곧게 앉을 수 없는 숙명을 굳이 받아들여야 했다.

덤프트럭 기사는 화장을 하고 머리를 만드는 데 한 시간 반이라는 시간을 매일 쏟아서라도 자신의 콤플렉스를 이겨 내고 싶었을 것이다. 스무 살에 겪었을 창피함을 그렇게 해서라도 잊고 싶었을 테다. 그런 시간을 지나와 지금은 자신만의 스타일로 당당하게 살아가고 있다.

나 또한 어설프게 앉는 자세를 유지하며 오랜 시간 살았다. 결국 무리한 자세로 인해 허리 디스크 판정을 받게 되었다. 고생을 아주 사서 하고 있다. 물론 여러 원인이 복합된 것이겠지만 자세의 중요성은 허리 디스크에서 꽤 많은 비중을 차지한다. 그렇게 아프고부터는 바른 자세를 위해 허리를 곧게 펴려고 노력한다. 온라인 강의를 통해 짧은 다리, 긴 허리에 맞는 패션 스타일 코칭을 받기도 한다. 누구에게도 드러내고 싶지 않았던 콤플렉스를 자진해서 밝히고 코칭을 받다니 많이 발전했다. 그리고 보면 그깟 앉은키가 뭐라고 그렇게 무리한 자세를 취하며 고생했을까?

콤플렉스는 자기만의 몫이다. 남들이 아무리 콤플렉스가 아니라 해도 내가 콤플렉스라고 느끼면 어쩔 수 없다. 남들이 콤플렉스라고 아무리 외쳐도 내가 아니라고 생각하면 그 역시 아무것도 아닌 것이다. 예전엔 숨기기 바빴던 콤플렉스를 이젠 아무렇지 않게 밝히고 코칭까지 받을 수 있었던 이유는 하나다. 이러든 저러든 내 몸이기 때문이다. 내 의지로 어떻게 할 수 없는 나의 몸, 그게 바로 나이기 때문이다. 타인에게 온갖 정신이 집중되어 타인만의 시선을 의식했던 나였다면 아직도 콤플렉스 테두리에서 벗어날 수 없었을 것이다. 여전히 어설프게 앉은 자세로 나를 괴롭히고 있었을 것이다. 조금씩 나에게 집중하고 있는 요즘 나는 가두리 양식장 같은 콤플렉스를 하나씩 허물고 있는 중이다.

콤플렉스에서 벗어나는 방법은 생각보다 간단하다. 생각하기에 따라서 아주 어려울 수도, 아주 쉬울 수도 있다. 사전에 적혀 있던 의미대로 응어리처럼 맺힌 감정을 풀어 주면 된다. 나를 조금 더 사랑하고 나에게 조금 더 집중하면 마술처럼 조금씩 해결된다. 마음이 흔들릴 때도 많지만 안 하는 것보단 낫다. 나를 사랑한다는 것이 나에겐 참 어려웠다. 하지만 시도해 보면 결코 어려운 일도 아니다.

"아무것도 하지 않으면 아무 일도 일어나지 않는다."라는 말처럼 뭐든 해야 한다. 두 발 전진하고 한 발 후퇴하면 그래도 한 발의 진전이 있지 않은가? 그렇게 변화할 수 있다고 난 믿는다. 앉을 때마다 아픈 척추를 생각해 본다. 콤플렉스를 감추기에 급급한 나를 선택할 것인가? 건강한 몸을 가진 자유로운 나를 선택할 것인가? 어느 것을 선택하든 내 자유고 내 몫이다. 그 결과도 내가 받아들이고 감수하면 된다. 중요한 것은 어느 것을 택하든 나는 '나'일 뿐이다.

3. 어설픈 나: 완벽함과 거리두기

"하나 더 쌓아 볼까?"
"우와, 잘하는데…. 정말 잘하네."

끊임없이 쏟아지는 칭찬에도 아이의 표정은 심각하다. 멋진 성을 만들겠다고 시작한 블록 쌓기는 성이 높아질수록 삐뚤빼뚤해지기 시작했다. 5번째 줄을 쌓을 때쯤 살며시 올려놓았던 블록 한 개가 떨어졌다. 모양도 많이 삐뚤어졌다. 아이 얼굴이 일그러지고 있었지만 나는 아이를 계속 칭찬했다. 4살 아이의 솜씨치고는 제법 잘 쌓고 있다고 생각했다.

"아아아아!"

아이가 소리를 지르며 쌓던 성을 부숴 버렸다. 주먹을 휘두른 탓에 블록이 여기저기로 나뒹굴었다. 아이의 울음은 그치지 않았고 순간 나도 당황했다. 어떻게든 상황을 수습하려고 블록을 모았다. 그러고는 아이에게 차분한 목소리로 말했다.

"아들아, 잘 만들었는데 왜 그래? 맘에 안 들어?"
"이상해!"
"엄마가 보기에는 괜찮은데…."
"아냐! 이상해!"

자기가 생각한 대로 되지 않았던 모양이다. 그렇게 블록을 두어 번 더 쌓았고, 한 번 더 부숴 버린 후에야 아이의 마음에 흡족한 성을 만들 수 있었다. 4살 무렵 아이는 블록을 쌓을 때마다, 그림을 그릴 때마다, 자기 마음에 들지 않으면 화를 냈다. 도화지에 색칠을 하다가도 조금만 선에서 벗어나면 화를 냈다. 그러고는 그림이 보이지 않도록 낙서를 하고 도화지를 찢어 버렸다. 그런 일이 잦았다.

"아들아, 조금 삐뚤빼뚤해도 괜찮아. 엄마가 보기엔 너무 멋진데…."
"아들아, 색칠이 잘 안돼? 삐져나와도 괜찮아. 화내지 말고 천천히 다시 해 보자."

아이의 성질에 나도 화가 나기 일쑤였지만, 좋은 말로 타일렀다.

그런 일이 반복됐지만 아이의 행동은 고쳐지지 않았다. 도대체 왜 그럴까? 무엇이 그렇게 못마땅할까? 도대체 얼마나 완벽하게 하고 싶은 것일까? 도무지 알 수가 없었다.

완벽하고 싶은 아이의 마음은 유전이었나 보다. 나 또한 철저한 준비를 해야 모든 걸 할 수 있는 사람이다. 비단 공부뿐만 아니었다. 기자라는 새로운 일을 시작했던 당시에 모든 게 생소했다. 보도 자료 쓰는 것에 어느 정도 익숙해질 때쯤 국장님께선 유튜브를 시작한다고 하셨다. 많은 사람들과 소통할 수 있는 좋은 이야깃거리를 주제로 영상을 찍자고 하셨다. 좋은 방법인 것 같아 흔쾌히 찬성했지만 문제는 그다음이었다. 영상을 내가 맡으라는 것이었다.

사람들 앞에 서는 것에 많은 불편함을 느끼던 나였기에 차마 해 보자는 말이 안 나왔다. 이런저런 계획을 짜는 국장님을 보며 나 또한 하기 싫은 마음과 해 보고 싶은 마음이 공존했다. 유튜브를 볼 줄만 알았지 어떻게 하는 건지도 몰랐기에 유튜브 채널 만드는 방법부터 공부하기 시작했다. 촬영은 국장님이 하기로 하고, 그 외 업무는 나에게 주어졌다. 무엇이 필요한지 무엇을 해야 할지 리스트를 적기 시작했다.

편집 방법을 먼저 배우기로 했다. 온갖 영상들을 찾아 비교 분석하며 제일 잘 가르쳐 주는 채널 두 곳을 골라 편집을 배웠다. 그리고 소재를 찾기 시작했다. 좋은 글, 좋은 이야기를 찾기 위해 인터넷을 뒤졌다. 좋은 글이 넘쳐 나지만 감동을 주는 것, 이야깃거리로 만들기 쉬운 것 등 나만의 기준을 정하고 글을 찾기 시작했다. 조금 과장해서 수천 개의 페이지는 뒤진 것 같다.

더 중요한 문제가 남았다. 카메라를 보고 말을 해야 한다. 사람 앞이 아니라 조금 쉬울 것 같았지만 현실은 아니었다. 심장 소리가 사무실을 쩌렁하게 울릴 정도로 떨렸다. 로봇의 말투가 쏟아졌다. 자연스럽게 하고 싶었다. 잘하고 싶었다. 실수하지 않고 완벽하게 하고 싶었다. 공중파 뉴스를 진행하는 아나운서들을 주의 깊게 살펴보기 시작했다. 뉴스를 보지도 않던 내가 그날부터는 뉴스만 보게 되었다. 식당에 가도 버스를 타도 어디선가 들려오는 뉴스 소리에 시선을 집중했다. 아나운서들의 말투, 손짓, 몸짓, 표정 하나하나가 눈에 들어왔다. 그리고 전직 아나운서들이 알려 주는 스피치 온라인 강의를 들었다. 두어 달 동안 듣고 따라 하고 반복하며 연습했다.

5개월 정도가 지났을까. 프리미어 프로로 아주 기본적인 편집 정도는 가능해졌다. 유튜브 채널도 만들었다. 발음도 예전보다 좋아졌다. 이제 찾아 놓은 유익한 글들 중 몇 개를 골라 앞뒤로 나의 멘트를 작성하고, 중간에는 좋은 글을 넣었다. 자연스럽게 말이 되도록 글을 작성했다. 그 글을 수십, 수백 번 읽으며 손짓, 몸짓을 곁들여 연습했다. 카메라를 보고, 국장님을 앞에 놓고도 연습했다. 처음에는 터지기 일보 직전의 심장 때문에 말도 못 했지만 연습에 연습을 하며, 만족스럽게 첫 영상을 찍었다.

첫 영상 한 편을 찍기 위해 6개월을 공들였다. 100%는 아니어도 내가 만족할 만큼, 부끄럽지 않을 정도로 연습하며 완성해 냈다. 지금 생각해 보면 그렇게 공들이지 않고 대충 생산주의를 조금 더 빨리 시작했더라면 더 많은 영상을 찍을 수 있지 않았을까 싶었다. 조금 더 완벽하게를 외치느라 진을 뺐다. 완벽하고 싶은 마음은 무엇을 시작하더라도 그렇게 시간이 걸려야 했다. 준비하다가 지쳐서 그만두는 일도 허다했고, 준비하는 시간에 다른 것을 시작하느라 돌고 돌아 시작하기도 했다.

삐뚤어진 블록을 보며 화가 나 부숴 버리는 아이를 생각하며 이제야 알았다. 나에게서 유전된 완벽주의가 이 아이에게도 있었다는 것을 말이다. 다른 사람이 보기엔 괜찮아도 아이가 생각하는 기준에 맞지 않으면 화가 났었다는 것을 이제야 깨달았다.

'첫 영상이니 조금 어설퍼도 괜찮아.', '처음이니까 못해도 괜찮아.', '처음부터 잘하는 사람이 어딨어?' 처음 유튜브를 했을 때 이런 마음으로 시작했으면 어땠을까? 아이에게 해 준 말처럼 나에게도 조금 삐뚤빼뚤해도 괜찮다고 말해 줬더라면 어땠을까? 덜 겁먹고 시작할 수 있지 않았을까?

지금도 빨래를 널 때면 옷걸이 간격을 딱 맞춰 정렬하는 날 마주한다. 어쩔 땐 '참 가지가지 한다.'라는 생각이 절로 든다. 아이를 다독였던 그 마음으로 이젠 나를 다독여 주고 싶다. "조금 삐뚤어져도 괜찮아. 간격이 안 맞아도 빨래는 잘 마른단다." 한껏 다정한 목소리로 내게 친절하게 말할 테다.

4. 관계의 거리: 가까움과 먼저의 밸런스

초등학교 시절 겨울이면 교실 중앙에 난로를 설치한다. 나무가 타면서 내뿜는 난로의 열기로 교실 전체를 데워 추운 겨울을 보냈다. 난로 가까이에 앉은 친구들은 덥다고 난리지만, 멀리 앉은 친구들은 오들오들 떨며 여전히 추운 겨울을 보내야 했다.

가까워지면 뜨거워서 뒤로 물러나고 멀어지면 추워서 가까이 가게 되는 난로. 인간관계도 이와 비슷하지 않을까. 인간은 사회적인 동물이기에 타인과의 관계는 우리 삶에서 굉장히 중요한 역할을 한다. 혼자서는 살 수 없기에 많은 사람들은 다른 사람에게 잘해 주는 것이 중요하다고 생각한다. 부탁을 거절하면 상대방이 나를 싫어할까 봐, 그러다 혼자 남겨질까 봐 두려워한다. 모든 사람에게 잘해 주기 위해 노력하는 사람들이 생각보다 많다. 나도 그중 한 명이었다.

기억 속 그날이 떠오른다. 친구들과의 약속 때문에 바쁜 일정을 조율하느라 정말 고생한 적이 있다. 나만 일정을 조율하면 됐기에 친구들의 부탁을 거절할 수 없었다. 나 때문에 약속이 깨지는 꼴은 못 보기에 무리하면서까지 일정을 변경했다. 어렵게 성사된 약속인 만큼 기대와 설렘을 안고 친구들을 만나러 갔다.

카페에 들어섰을 때 나는 두 눈을 의심했다. 일찍 도착했는데도 친구들은 이미 다른 이야기로 하하 호호 신나 있었다. 한 친구가 내게 다가와 속삭였다. "미안해. 우린 약속 시간보다 일찍 만나서 놀았어." 당황스러웠다. 허무했다. '자기들끼리만 일찍 만났다고?' 내가 굳이 오지 않았어도 될 자리다. 순간 실망감과 외로움이 밀려왔다. 무리하면서까지 지킨 약속인데. 내가 어떻게 일정을 변경하면서까지 온 자리인데.

이날 나는 머릿속에 박혀 있던 인간관계에 대한 고정관념을 깨부수기 시작했다. 모든 사람에게 잘해 주어야 한다는 생각, 내가 희생해서라도 부탁을 거절하면 안 된다는 생각으로부터 거리두기를 시작했다.

시소를 탈 때 좌우 균형이 맞지 않으면 탈 수 없다. 자전거를 탈 때도 마찬가지다. 균형을 잘 잡지 않으면 앞으로 나아갈 수 없다. 사람과 사람 사이에서도 균형이 필요하다. 지나치게 한쪽으로 기울어진 인간관계는 생각보다 꽤 힘들다. 모두에게 좋은 사람이어야 한다는 나의 고장 난 생각은 그제야 금이 가기 시작했다.

사실 우리는 모든 사람과 굳이 친하지 않아도 된다. 모든 부탁을 받아 줄 필요도 없다. "누구에게나 친구는 어느 누구에게도 친구가 아니다."라는 아리스토텔레스의 말처럼 모든 사람에게 친구가 될 순 없다. 어느 누구도 모든 사람과 잘 지낼 수는 없다. 그렇게 될 수 있다고 믿는 것은 오만과 교만이 아닐까.

타인을 향하던 시선이 나에게로 옮겨지면서 일어난 가장 큰 변화가 바로 인간관계에 거리두기를 시작한 것이다. 타인의 비위를 맞추며, 타인에게 잘 보이기 위해 살았던 그 시절, 당연히 나는 모든 사람에게 잘 보여야 했다. 그러나 이젠 그럴 필요가 없어졌다. 타인의 시선을 예전처럼 의식하지 않기 때문이다. 굳이 나의 시간과 에너지를 소모하면서까지 불편한 사람을 만나고 싶지 않았다.

『미움받을 용기』라는 책 제목처럼 모두에게 좋은 사람이 되어야 한다는 생각, 모든 사람에게 잘 보여야 한다는 생각에서 나를 놓아줄 수 있었다. 인간관계 지옥에서 벗어날 수 있었다. 함께할 때 편한 사람, 나와 생각의 방향이 비슷한 사람, 함께해서 윈윈할 수 있는 사람. 결국엔 나와 결이 맞는 사람을 찾기 시작했다.

"똑똑한 거리두기가 건강한 인간관계를 만든다." 양창순 작가의 『나는 까칠하게 살기로 했다』에 나오는 말이다. 더 이상 불필요한 인간관계로 에너지를 낭비하고 싶지 않다. 안 그래도 없는 에너지를 왜 그런 곳에 써야 하는가. 차라리 책 한 장 더 읽고, 글이라도 한 편 더 쓰는 것이 훨씬 생산적일 테다. 서로가 한 사람으로 존중해 줄 수 없다면 차라리 까칠함을 택하자. '굳이 너 아니어도 돼.'

미움받을 용기와 까칠함, 내가 꼭 갖고 싶은 인간관계 필수템이다.

5. 나만의 속도: 인생은 마라톤

일어나면 출근 준비에 정신이 없다. 출근 후에는 '시간아 가라! 빨리 가라!' 노래를 부르며 미친 듯이 일을 하고, 퇴근을 하면 집안일과 육아에 정신을 뺏기다 잠자리에 든다. 월요일 시작과 함께 금요일이 되고 주말은 언제 왔는지도 모르게 후딱 지나가 버린다.

세월의 속도는 나이에 비례한다고 하더니 진리인 것 같다. 마흔이 넘어서면서부터 삶의 속도가 한층 빨라졌다. 분명 강원도 영월에서 솟아오르는 해를 보며 올 한 해 잘 지내 보자고 다짐을 했는데, 또 어느새 연말을 맞이하며 한없이 아쉬운 미련만 남는다.

4배속으로 돌려 보는 영화처럼 현실은 빨리 돌아간다. 그에 비해 나는 한없이 뒤처진 것 같다. 어제와 같은 오늘, 오늘과 같을 내일.

빠르게 변화하고 성공을 향해 치열하게 경쟁하는 사람들에 비해 나는 0.2배속으로 살아가는 것 같다.

몇 주 전 있었던 창피한 일을 잊지 못한다. 퇴근길 지하철이 막 도착하는 소리에 전력을 다해 뛰었다. 문이 닫히려는 찰나 발 한쪽을 문에 끼웠다. 문이 닫히지 않으면 다시 열릴 것이고 그 틈에 타면 된다는 어쭙잖은 생각을 한 것이다. 끼인 발은 너무 아픈데 문은 열리지 않았다. 지하철 안과 밖에서 따가운 눈빛이 집중됐다. 안 그래도 타인의 시선을 많이 신경 쓰는 나에게 이런 눈총은 정말 견디기 어려웠다. 한참 눌려 있던 발이 빠지면서 겨우 지하철을 탔다. 구석자리에 앉아 고개를 푹 숙인 채 두 정거장을 겨우 갔다.

도대체 뭐가 그리 급해서 힘도 없는 발 한쪽으로 그 거대한 지하철을 멈추려 했던 것일까? 창피함과 다칠지도 모르는 상황을 감수하면서까지 무리를 해야 하는 것일까? 여유를 가져도 될 퇴근길인데 언제나 이렇게 뛰어야 하는 이유는 뭘까?

뒤처졌다고 생각하는 마음은 몸도 마음도 분주하게 만든다. 정신을 차리지 못하게 나의 뇌를 세뇌한다. 저만치 앞서가는 사람들을 보며 가랑이가 찢어질 지경이다. 앞서가지 못해 안달복달하게 만든다. 몸도 마음도 이미 지쳤다. 알고 있으면서도 멈출 수가 없다. 멈춰서는 안 된다. 방전된 배터리로 꾸역꾸역 아슬아슬하게 가고 있다. 살짝 갸우뚱하면 넘어질 것 같은 담벼락을 걷듯 조마조마한 하루를 겨우 살아 내고 있다.

'이렇게 살면 안 되는데.' 마음은 이미 오래전부터 외치고 있다. 굳은 결심을 하며 그 목소리를 외면해 왔다. 뒤처지기 싫어서. 뒤처지면 안 돼서. 더 이상 인생의 낙오자가 되기 싫어서. 실패자로 남고 싶지 않아서 더 악착같이 아등바등 달려왔다.

'빨리빨리'를 외치며 더 빨리 살지 못해 점점 조급해지는 이유는 무엇일까? 다른 사람들과 비교하며 나를 평가하기 때문이다. 타인과의 경쟁에서 이기고 싶기 때문이다. 그것이 성공이라고 생각한다. 비교를 통해서만 나의 가치를 확인하려고 한다. 결국 나는 잊은 채 남들의 기준에 맞춰 바쁜 삶을 살아가고 있다. 어디로 가는지도 모른 채.

인생은 마라톤이다. 앞을 전혀 볼 수 없는 마라톤. 100미터 달리기가 아니다. 선두 주자를 따라잡으려고 하면 넘어지기 십상이다. 완주하려면 비교하지 말고 나만의 속도로 달려야 한다. 나에게 집중해야 한다. 내가 원하는 것, 내가 이루고 싶은 것, 내가 가고 싶은 속도. 그 기준으로 속도를 내며 달려가야 한다.

"다른 사람들이 당신을 어떻게 생각하는지는 중요하지 않다. 중요한 것은 당신이 자신을 어떻게 생각하느냐이다."『데일 카네기 인간관계론』에 나오는 말이다. 다른 사람들의 시선과 비교에 집착하지 말자. 나의 마음과 나의 가치를 중요시해야 한다. 내가 나를 보는 만큼 남들도 나를 대하기 마련이다. 왕 대접을 받으려면 내가 먼저 나를 왕으로 대접해야 한다. 왕은 누구와 비교하지 않는다. 왕은 절대로 뛰지 않는다.

6. 거절의 선물: 나를 지키는 방패

"점심 뭐 먹을까?"
"아무거나…."

"날도 좋은데 놀러 가자. 어디 갈래?"
"너 가고 싶은 데 아무 데나 가자."

무엇인가를 선택하고 결정해야 할 때 내 대답의 가장 많은 비중을 차지하는 것은 '아무거나'라는 말이다. 친구든 지인이든 상관없다. 언제부터 그랬는지 정확히는 모르겠지만 학창 시절에도 그랬던 것 같다. 기억이 그나마 제일 생생한 대학 시절 친구들과의 모임에서도 나의 대답은 대부분 같았다. 점심시간 메뉴를 정하는 것부터 영화장르, 커피 종류, 모임 장소에 이르기까지 내 의견을 정확하게 이야기해 본 적이 거의 없다.

가끔은 이런 내 의견에 "'아무거나'라는 메뉴는 없어."라며 친구들은 장난을 치기도 했지만 내 대답은 한결같았다. 아무거나. 어떻게 보면 참 성의 없는 대답 같기도 하지만, 상대방의 의견에 맞추겠다는 의지가 강한 대답이기도 하다.

그것뿐만이 아니다. 누군가 부탁을 해 오면 쉽게 거절할 수가 없었다. 내키지 않는 일, 하기 힘든 일도 일단 받아들였다. '안 돼, 못 해, 할 수 없어!' 마음에선 불편한 마음이 쏟아지지만 밝은 얼굴에 미소를 머금은 입은 "그래."라고 이미 대답하고 있었다. 그러곤 몇 날 며칠 끙끙대며 그 일을 하기 위해 애를 썼다. 버거운 일도 어떻게든 한다. 시늉이라도 한다. 내 일은 다 팽개치고, 부탁받은 일을 처리하기 위해 온 에너지를 소비한다. 잠도 못 잔다. 스트레스는 이미 치사량이다.

『감정의 온도』 김병수 작가는 "거절을 못 하는 원인은 내면에 자리한 '소외에 대한 공포' 때문인 경우가 많습니다. '부탁을 거절하면 나중에는 나도 거절당하게 될 거야. 그러면 나는 혼자 남겨지고 말겠지.'라는 믿음이 뿌리 깊게 자리 잡고 있는 것입니다."라고 이야기한다.

그 이유였다. 부정하고 싶지만 부정할 수 없는 이유다. 내 의견을 말하면 그들과 취향이 다르다는 이유로 나를 멀리할 것 같았다. 외면할 것 같았다. 그들의 부탁을 거절하면 안 된다고 할까 봐 겁났다. 그것은 곧 나를 거절하는 것이라고 생각했다. 혼자가 될 내 모습, 외톨이가 될 내 모습을 상상하면 두려웠다. 그런 두려움이 마음속 외침을 무시하고 '아무거나'를 외치게 만들었다. 쓸데없는 상상이 부탁을 거절하지 못해 호구가 된 것 같은 기분에 휩싸이게 만들었다. 누구에게나 맞출 수 있는 대답, 내 의견을 굳이 말하지 않아도 휩쓸려 갈 수 있는 대답이 나의 생존 방식이었다.

아직도 가끔 걱정한다. 거절당할까 봐. 혼자가 될까 봐. 그러나 두려워하진 않는다. 수십 번 망설인 끝에 했던 겨우 한 번의 거절에서 '어랏! 거절해도 괜찮네.'라는 맛을 조금 봤기 때문이다. 거절이 나를 거절하는 것이 아니란 것을 알았다. 거절로 인해 껄끄러워지는 관계라면 지속할 이유가 없다는 것도 알았다. 할 수 없는 일 그리고 내가 해야만 하는 일에 대해 거절이라는 두려움과 조금씩 맞짱을 뜨는 중이다.

진짜 두려워해야 할 것은 따로 있다. 거절을 못 해 진짜 나로부터 거절당하는 것. 그것을 두려워해야 한다. 거절은 진짜 나로부터 멀어지지 않도록 나를 지켜 주는 것이다. 적당하게 거절할 줄 알아야 나를 지킬 수 있다. 나를 사랑한다고 백 번 말하는 것보다 한 번 거절하는 것이 자기 사랑을 실천하는 확실한 길이다. 적당한 거절은 나를 살리러 온 수호천사라는 것을 잊지 말자.

7. 진짜 삶의 연결: SNS 너머로

'코로나 블루'라는 말이 있다. 2020년 시작된 코로나19로 사회적 거리두기, 자가 격리 기간이 길어졌다. 사람들이 서로 만날 수도 없고 외출하는 것조차 하지 못해 무기력과 우울감을 호소하는 사람들이 많아졌다. 이를 코로나 블루라고 한다. 실제로 이 기간에 정신건강의학과 진료를 받는 사람이 굉장히 많아졌다.

인간을 사회적 동물이라고 한다. 끊임없이 다른 사람과 상호작용을 하면서 관계를 유지하고 함께 어울리면서 자신의 존재를 확인한다. 타인과 연결되어 있지 않고 분리되어 있다고 느끼면 우리 뇌는 금세 불안 회로를 작동시킨다. 혼자 남겨진다는 것에 대한 불안은 생각보다 크다.

우리가 디지털 시대에 살고 있는 영향도 있지만, 누군가와 연결을 원하는 이유로 끊임없이 세상과 연결될 무언가를 찾는다. 그것 중의 하나가 SNS다. 손가락만으로도 세상 많은 사람들과 쉽게 연결될 수 있다. 문자, 카카오톡, 인스타그램, 페이스북 등 다양한 채널을 통해 혼자가 아니라는 사실을 애써 위로받고 있다. 많은 사람들과 연결되어 있다는 것에 안도감을 느낀다.

지하철을 타면 대부분 사람들의 시선은 한곳을 향한다. 버스를 타도 마찬가지다. 카페에 가도 별반 다르지 않다. 길거리를 걸으면서도 곡예 워킹을 하고 있다. 약속이라도 한 듯 핸드폰을 응시하며 손가락만 분주히 움직인다. 몇 명의 친구들이 모여도 각자 핸드폰을 하며 커피를 마시는 풍경이 낯설지 않다. 집에서도 마찬가지다.

오랜만에 놀러온 바닷가. 여기서는 어떤가? 연신 사진을 찍고, 그것을 SNS에 올리기 바쁘다. 푸르른 바다 색깔을 눈으로 보지 못하고 핸드폰 화면을 통해서 본다. 장관을 이루는 일출 장면, 그것 역시 핸드폰 카메라만이 호사를 누린다. 옆에 있는 친구와 대화하기보다 팔로워들과 소통하기 바쁘다. 좋아요를 누르고, 댓글을 다는 데 집중한다.

어느 것이 우리의 진짜 삶일까? 누가 진짜 나일까? 누가 내 삶을 살고 있는 것일까? 우리는 진짜 삶을 잃어버리고 있다. 인식하지 못하는 사이에 진짜 삶과 점점 멀어지고 있다. 화면으로 가려진 혼자만의 세계에 갇히고 있다. 오르내리는 좋아요와 팔로워 숫자에 따라 행복과 슬픔이 교차한다. 숫자가 많은 사람은 성공한 사람, 숫자가 적은 사람은 실패한 사람이라고 평가한다. 숫자를 비교하고 질투하는 마음이 커져 간다. 오로지 숫자에 의해서만 나의 가치가 평가된다.

이것이 정말 행복한 삶일까? SNS를 실컷 하면 행복감이 밀려오는가? 무언지 모를 공허함과 허무함이 밀려드는 것을 느껴 봤을 테다. 좋은 기분보다는 씁쓸함을 더 많이 느꼈을 테다. 어디에도 집중하지 못하고 온종일 SNS로 신경이 쏠리는 경험을 해 봤을 것이다. 맛도, 향도, 느낌도 없는 차가운 화면에서 무엇을 얻을 수 있을까. 무엇을 얻고 싶은 것인가.

인간의 힘으론 도저히 만들 수 없는 바닷가의 층층이 깎인 절벽, 파아란 바닷물이 모래와 부딪혀 만들어 낸 하얀 거품, 계절 따라 변하는 산의 빛깔, 단어로 표현할 수 없는 오묘한 노을의 색깔. 우리는 이런 풍경을 볼 때 입을 다물지 못하고 어떤 말도 하지 못한다. 오로지 감탄사만 연거푸 내뱉는다.

카페에 들어서자마자 밀려드는 커피의 향긋함, 공간을 가득 메우는 사람의 소리와 잔잔히 깔린 음악, 내 앞에 앉은 친구의 미소와 우리를 오가는 소박한 단어들. 핸드폰이 결코 우리에게 줄 수 없는 경험들이다. 내 눈으로 보고, 내 코로 향기를 맡고, 내 입으로 맛을 보고, 내 귀로 듣고, 내 손으로 촉감을 느끼는 것. 핸드폰은 죽었다

깨어나도 줄 수 없는 것들이다.

 우리는 진짜 삶에 접속해야 한다. 나를 꽁꽁 묶고 있는 디지털 세상에서 벗어나야 한다. '디지털 디톡스'가 필요하다. 몸에 쌓인 독소를 빼내듯 일상에 깊숙이 들어온 디지털 독소를 빼내야 한다. 화면 너머가 아닌 화면 밖에서 진짜 사람을 만나고 진짜 경험을 해야 한다. 아파도 이겨 낼 수 있는 힘, 쓰러져도 일어설 수 있는 힘, 고통스러워도 견딜 수 있는 힘은 디지털 속 세상이 주지 않는다.

 지금 내 곁에 있는 사람들, 매일 무심코 흘려보낸 햇살과 바람, 그리고 내가 느끼는 소소한 감정들. 그것을 느끼고 그것에 집중하는 시간이 필요하다. SNS 속 넘쳐 나는 정보와 좋아요, 팔로워 숫자 대신 현재 순간과 진짜 세상의 에너지를 담아야 한다. 핸드폰을 가방에 넣고 지금 이 순간에 집중해 보자. 세상이 주는 선물에 나의 모든 감각을 깨워 보자.

8. 휴식의 기술: 제대로 쉬고 있나요?

　제대로 쉰다는 것은 무엇일까? 지친 몸과 마음을 제대로 쉬게 하는 건 어떻게 하는 것일까? 나는 아직도 제대로 쉰다는 것의 의미를 잘 모른다. '그냥 쉬면 되는 거 아냐?', '아무것도 안 하면 되지.', '여행이라도 갈까?' 머리를 굴려 방법을 찾아 보지만 여전히 제대로 쉰다는 건 막연하고 어렵기만 하다.

　초등학교부터 고등학교까지 12년, 나는 결석 한 번을 한 적이 없다. 개근상을 모두 받았다. 어지간히 아프지 않으면 조퇴도 지각도 하지 않았다. 그만큼 성적표 출결 확인 칸은 깨끗했다.(한 번인가 조퇴는 했지만 사유가 기억나진 않는다.) 숙제도 꼬박꼬박 해 간다. 선생님이 시키시는 일을 어긴 적도 없다. 회사에 다닐 때도 큰일이 있지 않고서는 결근을 한 적이 없다. 웬만큼 아프지 않고서야 출근을 했다. '성실하다.', '책임감이 강하다.'라는 꼬리표는 늘 달고 다녔다. 처음엔 인정받는 것 같아서 좋았다. 하지만 그 꼬리표는 나를 더 옥죄었다.

학교를 졸업하고 사회에 나와서 책임감이 제대로 발동했다. 무의식에 새겨진 '책임감이 강하다.'라는 말이 나를 조종하는 기분이었다. 해야 할 일은 당연하고, 안 해도 될 일까지 찾아서 했다. 무언가를 하지 않으면 안 될 것 같은 기분, 가만히 있으면 왠지 따가운 시선을 느꼈다. 어쩔 때는 소변을 참아 가면서까지 일했다. 화장실 가는 시간도 아끼면서 일에 매진했다.

주말이면 푹 쉬어도 될 텐데 뭔가를 하지 않으면 안 된다는 생각에 죄책감 비슷한 기분이 들었다. 뭐라도 해야 했다. 핸드폰을 만지작거리며 손가락과 눈을 바쁘게 움직였다. 텔레비전을 볼 때 훌라후프를 돌렸다. 아무것도 하지 않으면 빈둥거리는 것 같고 나만 뒤처지는 것 같아 불안했다. 별일도 하지 않으면서 쓸데없는 별일을 만들었다. 마음 편하려고 몸을 혹사했다. 어차피 아무것도 안 할 거면 몸도 마음도 푹 쉬면 좋을 텐데, 쉬는 방법을 모른다. 쉼을 주지 않는다.

어릴 적 『개미와 베짱이』 동화책을 읽으며 우리는 베짱이가 나쁘다고 배웠다. 열심히 일해서 따뜻하게 겨울을 나는 개미와 빈둥빈둥 노래 부르고 놀다가 추운 겨울을 맞이하는 베짱이. 사실 많은 사람들이 베짱이를 욕하지만 마음속으론 베짱이가 되고 싶을지도 모른다. 그늘 밑에서 기타를 치며 노래를 부르는 베짱이. 낭만적이지 않은가. 제대로 쉴 줄 알지 않은가. 노력해야 잘 살고, 노력해야 성공한다는 말을 수도 없이 들었다. 노력 당연히 중요하다. 문제는 노력했는데 결실이 없을 경우다. 결과로만 사람을 평가하는 사회에서 성과가 없으면 쓸모없는 사람이 된다. 시험에 방해가 될까 비행기까지 멈추는 나라다. 결과를 위해 죽어라 공부하고 죽어라 일한다. 쉰다는 것은 곧 뒤처진다는 것을 의미하는 것이나 다름없다.

대학교 2학년 때부터 아르바이트를 시작한 나는 쉰 적이 거의 없다. 공강 시간에도 아르바이트, 하교 후에도 아르바이트를 했다. 졸업 전부터 시작한 일은 결혼 전까지 이어졌다. 결혼을 하고 출산과 육아 기간 동안에도 남편 일을 도왔다. 이혼 후엔 살아야 하기에 또 열심히 일했다. 늘 나를 다그치며 노력했고, 열심히 살았지만 잘 살지도 성공하지도 못했다. 매일 힘겨운 하루를 보내고 있지만 노력하면 잘될 것이라는 희망 고문이 가혹할 정도였다.

이젠 좀 쉬고 싶다. 늘 입버릇처럼 말하지만 아침이 되면 어김없이 출근한다. 주말이면 아이와 무엇을 할지 계획을 세운다. 일주일 저녁이 강의 수강으로 꽉 차 있다. 작가가 되겠다고 끙끙거리며 글을 쓴다. 지식을 쌓아야 하니 독서도 한다. 아픈 허리를 위해 필라테스도 다닌다. 쉬고 싶다는 말이 민망할 만큼 나는 또 분주하게 움직인다. "하루라도 책을 안 읽으면 입안에 가시가 돋는다."라는 말처럼 한순간이라도 움직이지 않으면 몸에 가시가 돋칠 것처럼 살고 있다.

먹고 놀기는 글렀다. 이미 유전자가 일개미 스타일이다. 쉬어야 한다고 스트레스 주느니 차라리 살던 대로 살자. 쉬려다 죄책감에 고생하느니 뭐라도 하자. 그래도 다행인 것은 가끔 쉴 수 있는 공간을 만들었다는 것. 동네에 있는 카페 창가 그 좌석에 가면 마음이 편해진다. 카페에 가는 것도 사치였던 나에게 그나마 희소식이다. 놀고먹고 아무것도 하지 않아야 쉬는 것이라는 고정관념에서 탈피하기로 했다. 잠깐이라도 마음 편할 수 있으면 나에겐 그것이 쉬는 것이다. 오늘도 카페를 찾는다. 창가 그 좌석, 거긴 제발 나에게…….

9. 평범한 날의 아름다움: 괜찮아

여느 날과 똑같이 전쟁 같은 아침을 보낸다. 일어나라는 말에 짜증을 내는 아들, 그 짜증에 짜증을 더해 되받아치는 나, 일어난 지 한 시간이나 겨우 지났을까 벌써 하루 에너지를 몽땅 소비한 기분이다.

아이를 겨우 깨워, 학교 갈 준비를 시키고, 나는 나대로 출근 준비를 한다. 헐레벌떡 준비만 하고 현관을 나서는 것도 이렇게 힘든 일인가. 매일 반복되는 하루이건만 힘든 건 익숙해지지 않나 보다. 매일이 새롭다. 미간을 잔뜩 찌푸린 채 시작한 아침은 아파트 1층에 다다라서야 숨을 돌릴 수 있다. 전쟁 같은 아침에 휴전을 고하는 시간이다.

나는 40대 초반 일하는 엄마다. 대부분의 워킹 맘처럼 바쁜 아침을 보내고 출근한다. 직장에서는 업무에 찌들고 인간관계에 넋이 나간다. 퇴근 후에는 또다시 아이와의 전쟁이 시작된다. 눈 빠지게 기다린 주말에는 밀린 집안일과 평일에 함께해 주지 못한 아이와의 시간을 보낸다. 글자만 주말일 뿐 평일과 다름없는 하루를 보낸다. 일과 가정을 병행하며 바쁜 일상을 보내지만 당연한 일이라고 생각한다. 엄마라면 이래야 하는 것이 아닐까.

가끔은 지치고 피곤하지만 해내야 한다는 강박관념이 날 가만있지 못하게 만든다. 평일에 아이와 함께 시간을 보내 주지 못하는 미안함을 주말에 내 몸을 혹사해 가며 보충하고 있다. 이 정도도 못 해내면 안 된다는 그 생각이 언제나 나를 지배하고 있다. 어디서 비롯된 생각인지는 알 수 없으나 엄마의 역할도, 아빠의 역할도, 주부의 역할, 직장인의 역할까지 모두 다 잘 해내고 싶었다. 완벽까진 아니더라도 빈 구멍이 생기는 것을 용납하긴 어려웠다.

완벽하고 싶다. 이혼이라는 것이 장애물이 되고 싶지 않았다. 나와 아이의 단점들이 이혼이라는 이유로 치부되고 싶지 않았다. 아직도 부끄럽고 창피한 이혼이 더 이상 나를 갉아먹게 놔두고 싶지 않았다. 그래서 더 잘해 내려고 안간힘을 썼다. 이혼의 잔재가 보이지 않도록 나를 더 다그쳤다.

사소한 부분 하나까지도 놓치는 것은 없는지, 더 좋게 보일 순 없을지 고민하고 또 고민했다. 이혼녀라는 것이 티 나지 않을지 전전 긍긍했다. 나를 더 가혹하게, 세차게 몰아쳤다. 아빠 없는 아이라고 놀려 댈까 봐 내 테두리에 아이를 가뒀다. 작은 실수도 용납하지 않을 듯 차갑게, 내가 정해 놓은 삶의 방식에 아이를 맞췄다.

과하면 언젠가는 탈이 난다. 머리론 알면서도 매번 몸으로 겪어야 고개를 끄덕인다. 24시간을 빡빡하게 돌려야 하는 일상에 굉장한 에너지가 필요하다. 방전되면 충전을 해야 하는데 충전할 틈이 없다. 고작 5% 남짓 남은 에너지로 버티고 있는 것을 인정하지 않았다. 매일 같은 일상이지만 아픈 곳이 늘어나고, 병원에 가는 일이 잦아졌다. 체력은 따르지 않고 늘 피곤했다. 아침에 뭘 먹었는지 기억나지 않는다. 정신 줄이 점점 희미해지고 마음은 반응하지 않는다.

그냥 그런 날이 있다. 배터리를 충전해야 하는 날이 그런 날이다. 완벽하려고만 하면 절대 할 수 없는 충전. 하지만 충전하지 않으면 지속하기 힘든 것이 삶이다. 그냥 그런 날, 말만 들어도 자유롭고 편안하지 않은가. 완벽하지 않아도 되는 그런 날. 하루쯤 엄마 역할에 태클을 걸고, 하루쯤 직장 업무에 소홀하고(대신 잔소리는 감수하자.), 한 달에 네 번 맞이하는 주말, 그중 한 번은 아이보단 나를 위해 쉼을 허용해 주는 그냥 그런 날들. 짜인 스케줄보단 몸이 반응하고 마음이 반응하는 즉흥적인 날들. 그냥 그런 날을 갖기로 했다.

완벽하지 않아도 괜찮다는 것을 아이를 통해 깨달았다. 실수와 실패에 대한 두려움이 컸던 나였기에 이혼은 완전히 실패한 인생이었다. 그래서 더 감추려고 발악했는지도 모르겠다. "실수해도 괜찮아. 실수하면 다음에 더 잘할 수 있어."라고 아이에게 수도 없이 말했다. 그 말은 나에게 필요한 말이었다. 이혼으로 실패한 인생이 아니라 그 어렵다는 이혼에 성공한 인생으로 다시 잘 살면 된다. 한 번의 경험이 혹독했을 뿐이다.

지금이 교차로에서 빠져나갈 타이밍이다. 혹독한 경험 때문에 더 완벽해지려고 주구장창 달리기만 했다. 목적지 없이 돌기만 하는 교차로에서 나가야 한다. 완벽하지 않은 나를 인정하자. 그래도 괜찮음을 받아들이자. 중요한 것은 내 인생을 내가 살아가는 것이다. 달달 볶는 하루하루가 아닌 그냥 그런 날이어도 괜찮은 하루. 어쩐지 오늘은 그런 하루를 무심한 듯 나에게 선물해 본다.

PART 4

미래로의 초대

1. 나만의 이야기: 막쓰기의 시작

"뭐라도 일단 쓰세요. 잘 쓰는 방법은 쓰는 것밖에 없습니다."

도대체 무엇을 쓰란 말인가? 쓸 것이 있어야 쓰지 않겠냔 말이다. 글을 쓰고 싶단 막연한 생각만 들 뿐 무엇을 써야 할지 도무지 감이 잡히지 않는다. 꽤 오래전 블로그를 하면 돈이 된다는 말에 블로그를 만들었지만 5년이 지나도록 시작하지 못했다. 왜? 무엇을 써야 할지 몰랐기 때문이다.

언제부터였을까? 꿈에도 상상하지 않았던 글쓰기라는 꿈이 생기기 시작했다. 단어들이 춤추듯 나타나고, 문장들이 음악을 연주하듯 술술 떠오르기 시작한다. 문제는 마음속에서만 그런다는 것이다. 막상 자판에 손을 얹으면 신기루처럼 사라진다. 하얀 노트북 화면에

커서만 깜빡이고 있다. 한 글자도 쓰지 못한 채 시계 소리만 쩌렁쩌렁 울린다.

글쓰기 전문가들은 무슨 글이든 매일 꾸준히 쓰는 게 중요하다고 강조한다. 쓸수록 실력은 좋아진다고, 그 이후에 스킬을 배우면 된다고 말이다. 나 또한 그 말을 믿었다. 처음엔 아주 조심스럽게 시작했다. 누가 내 글을 읽을까 부끄러웠다. '누가 처음 시작하는 블로그를 찾아와서 봅니까?' 맞다. 내가 인플루언서가 된 양 쓸데없는 걱정을 했다. 그제야 마음 놓고 나의 마음을 쓰기 시작했다. 잘 써야 한다는 생각을 버리고 나를 써 보기로 했다. 그렇게 나만의 막쓰기가 시작됐다.

매일 블로그를 들락거리며 무감각해진 오감을 깨우기 시작했다. 기분이 어떤지, 감정이 어떤지, 무슨 생각을 하는지, 과거에 나는 왜 그랬었는지, 그때그때 떠오르는 것들을 최대한 솔직하게 적어 갔다. 창피하고 부끄러운 마음과 뭐 어떠냐는 과감한 마음이 매일 싸웠지만, 나는 과감한 마음에 당근을 던져 주었다.

계절마다 찾아오는 오색의 꽃들, 유난히 파아란 하늘, 주룩주룩 내리는 소나기, 죽어 가는 화분, 마트 가는 길에 봤던 강아지, 모든 것이 글감이었다. 평소엔 보이지도 않던 것들이 글을 쓰면서 새롭게 보이기 시작했다. 전쟁 같은 아이와의 일상, 이혼하고 후회만 하던 몇 년의 시간들, 눈치 보며 살았던 20~30대, 부모님에 대한 죄송함, 마음 한구석에 조용히 묻어 두고 싶던 것들을 글자에 담으며 쓰라리고 아파했다.

아무도 읽어 주는 사람은 없었지만 혼자 수다를 떨듯 손가락을 움직였다. 밖으로 표출하지 못하고 꾹꾹 눌러놓았던 것들을 하나하나 풀기 시작했다. '무엇을 쓰라고요?' 쓸거리가 없어 걱정했던 마음은 온데간데없다. 하나씩 꺼내다 보니 손가락이 바빠졌다. 친한 친구에게 하소연하듯 이러쿵저러쿵 자판을 두드렸다. 어떤 때는 스크롤을 꽤 여러 번 내려야 끝나는 글도 있었다. 가끔은 내가 지금 무슨 말을 쓰는지도 모른 채 손가락만 움직여 다시 읽기를 여러 번 하기도 했다.

그저 쓰기만 했을 뿐인데, 속이 시원했다. 무뎌진 감정이 살아나기 시작하고 몰랐던 내가 삐죽삐죽 모습을 드러내기 시작했다. 홀대받았던 감정들이 글자에 담기며 내 마음을 단비로 적셔 주었다. 뜨거운 눈물이 나를 안아 주고 토닥여 주었다. 관심도 없던 나에게 조금씩 눈길을 돌리며, 숨어 있던 나를 찾아 나섰다.

이제 글쓰기는 나와의 대화 창구가 됐다. 휘발되어 없어지는 오늘이 아닌, 내가 보낸 오늘을 기억하게 해 준다. 무슨 생각을 하고 무슨 감정을 느끼며 사는지 잊지 않게 해 준다. 내 안의 목소리와 속삭임을 듣게 해 준다. 초콜릿보다 더 달콤한 자유라는 신세계를 맛보게 해 줬다.

나만의 막쓰기를 시작했다. 시커먼 암흑에서 나를 구해 준 생명의 은인이다. 평생 모르고 살 뻔한 진짜 나를 찾게 해 준 소중한 인연이다. 그리고 세상 밖으로 당당한 한 걸음을 내딛게 해 준 특별한 선물이다. 일단 시작하는 사람만이 받을 수 있는 선물, 나만의 막쓰기로 선물 꾸러미를 받아 보자.

2. 시작의 힘: 첫 발걸음

　블로그를 해야겠다고 결심했다. 부업을 해야 하는데 블로그가 가장 접근성이 좋아 보였다. 일단 블로그를 개설했다. 닉네임을 뭐라고 지을지 고민한다. 만만치 않다. 블로그 대문을 꾸며야 한다. 다른 블로그들을 보니 정말 그럴듯하다. 근사하다. 디자인에는 감각도 없고 똥손이다. 이미지를 다운받고 그림판을 사용해 만들어 본다. 만들수록 이상하다. 잘 만들고 싶은 욕구가 자꾸 튀어 오른다. 어떻게 해도 마음에 들지 않는다. 일주일을 블로그 대문을 만들고 카테고리를 고민했다. 한숨만 나온다.

　5년여가 흘렀다. 그때 그 블로그는 그렇게 멈춰 있다. 꾸미다 만 대문을 달고 쓸쓸히 이름만 가진 블로그로 남아 버렸다. 어렵다. 다시 또 만들어 볼까? 생각과 동시에 나는 또 블로그 대문 꾸밀 생각을 먼저 하고 있다. 머릿속은 이미 인플루언서가 되어 있지만 현실은 대문만 만들다 만 사람이다.

나는 무엇을 시작하는 것이 힘들다. 잘해 보고 싶은데 마음만큼 몸이 따라 주지 않기 때문이다. '못하면 어쩌지?', '실수하면 어쩌지?', '남들이 뭐라고 하면 어쩌지?' 실수와 실패에 대한 두려움은 나를 출발선 근처에만 머물게 만든다. 아무 일도 시작할 수가 없다. 시작해 보고 싶은데 온몸을 휘감은 두려움이 나를 잡아당긴다.

인생은 새로운 도전의 연속이다. 예측할 수 없는 것이 인생이기에 두려움과 불안감을 느끼는 것이 당연하다. 당연한 것에 갇혀 있기만 한다면 우리의 인생은 어떻게 될까?

언젠가 문득 글을 쓰고 싶다는 생각을 한 적이 있다. 마음속에선 어김없이 두려움이 고개를 들기 시작했다. '내가 무슨 글을 써.', '그걸 읽고 사람들이 뭐라고 하면 어떻게 할 건데?', '내 글은 엉망이야.' 수많은 의심과 비판의 목소리가 매일 온 마음을 흔들었다. 글쓰기를 시작하기는커녕 한 글자도 쓰지 못한 채 고민과 자기비판에 빠져 허우적거렸다.

어느 날, 한 작가의 인터뷰를 보게 됐다. "많은 사람들이 글쓰기를 어렵게 생각한다. 그래서 안 쓴다. 중요한 것은 일단 쓰는 것이다. 시작해야 잘 쓰는지 못 쓰는지, 배우든지 말든지 알 수 있지 않은가." 마음 한쪽이 뜨끔했다. 시작도 못 해 보고 고민만 하고 있는 모습이 후져 보였다. 걸음마를 시작하는 아기도 용기 내서 달려드는데 마흔 넘은 아줌마가 시작도 못 하고 있는 모습이란 참 시시했다.

"아무것도 하지 않으면 아무 일도 일어나지 않는다." 내 핸드폰 배경 화면에 있는 문구다. 3년 전쯤 이 문구가 마음에 꽂혔다. 매일 보며 시작하기를 두려워하는 마음을 달래 보리라 다짐했다. 하루에도 수십 번 보는 문구인데, 왜 나는 아직도 시도하기를 두려워하는 것일까. 무슨 일이든지 시작이 어렵다. 알고 있다. 변화하기를 싫어하는 뇌를 속여야 한다. 두려움을 느끼지 못하도록, 뇌가 눈치채지 못하게 시작해야 한다. 시시할 만큼 작은 일로 일단 시작하면 된다. '일단 시작하는 것' 그것이 중요한 것이다.

글을 쓰고 싶다면 한 줄부터 쓰면 된다. 무엇을 쓸지 모르겠다면 오늘 본 하늘, 나무, 꽃에 대해서 써 보면 어떤가. 일단 쓰기 시작하면 된다. 오늘도 한 줄, 내일도 한 줄. 그렇게 일주일을 쓰면 그 다음엔 두 줄을 쓸 수 있다. 두 줄이 네 줄이 되고 네 줄이 반 페이지가 된다. 꾸준히 한 달을 쓴다면 어느새 A4 한 장을 쓰고 있는 나를 발견할 것이다.

처음부터 완벽하게 잘할 수 없다. 이 세상엔 그런 사람도 없다. 피겨 스케이팅 여왕 김연아 선수도 점프를 뛸 때 두려웠을 것이다. 그러나 일단 시도한다. 수천수만 번 넘어지고 깨지고 다치면서 지금의 김연아가 된 것이다.

　일단 시작하는 것, 그냥 하는 것이 중요하다. 실수하고 실패할까 봐 시작을 망설이다간 아무것도 이룰 수 없다. 시시할 만큼 소소한 것들로 작은 성취가 쌓여 갈 때 더 큰 성취도 이뤄 낼 수 있다. 잘게 더 잘게. 더, 더, 잘게 쪼개서 아주 작은 일부터 '일단 시작'해 보자. 일단. 세상을 움직이고 있을 나를 상상하며.

3. 뜨거운 배움의 열정: 공부 자동화

2022년 10월, 내 인생의 변곡점이다. 마흔 전까지 한 번도 알지 못했던 아니 상상도 하지 못했던 일을 맞이했다. '나에게도 이런 시절이 올 줄이야.'

초중고등학교 다닐 때 공부를 좋아하지 않았다. 물론 공부를 좋아하는 학생은 소수다. 나도 다수처럼 공부를 좋아하지 않았지만 외우기를 잘한 덕분에 공부를 잘하는 편에 속해 있었다. 벼락치기에 능했다. 그 능력을 믿고 평소에 공부를 소홀히 했다.

두 살 위 사촌 오빠와 한 살 위 사촌 언니는 공부를 꽤 잘했다. 외가댁에서 만나면 부러움의 눈길로 바라봐야 했다. '공부하느라 텔레비전 프로그램 제목을 모르겠지?' 얕은 생각으로 빙고를 하자고 제안했다. 뭐라도 이겨 보고 싶은 마음이었다. 나의 예상과 달리 참패했다. 과일 이름, 아이스크림 이름, 만화 제목 등등 뭘 해도 이길 수가 없었다. 그 뒤로 나는 사촌 언니, 오빠와는 거리감이 느껴졌다.

공부를 잘하는 건 부러웠지만 공부는 하고 싶지 않았다. 조금만 어려워지면 이해 자체를 못 하는 나는 그냥 외우는 게 더 편했다. 아마도 그래서 벼락치기에 더 적응이 됐는지도 모르겠다. 대학교를 다니고 사회에 나와서도 크게 공부를 하지 않았다. 남들은 다 한다는 토익 시험도 본 적이 없다. 물론 영어 실력은 지금도 꽝이다. 새해가 다가올 때쯤 이젠 영어 공부를 해 보겠다고 다짐하지만, 1월 첫째 주가 채 가기도 전에 영어는 이미 멀어진다. 평생 정복할 수 있을지 의문이다. 글로벌 시대에 오로지 한국어만을 사랑하는 애국자가 되어 버렸다.

변곡점을 맞이하던 그날, 나는 온라인 세계에 발을 들였다. 직장을 다니며 빠듯하게 살고 있었지만 점차 나아지겠지 하는 희망으로 하루하루를 살아갔다. 온라인 세계는 나의 안일한 생각을 비웃듯 일분일초가 바삐 돌아가고 있었다. 각자의 콘텐츠로 강의를 하고 유료 과정을 운영한다. 오픈 채팅방을 운영하고, 사람들을 모으며, 직장인 이상의 수익을 발생시키고 있었다. 그런 사람이 한둘이 아닌 수백 명은 돼 보였다. 일하지 않아도 자동으로 돈이 들어오고, 여행을 다녀오는 시간에도 통장에 돈이 꽂힌다. 자동 수익화라는 개념에 그제야 눈을 떴다.

수많은 오픈 채팅방에서 열리는 무료 강의들을 듣기 시작했다. 이것도 배워야 하고 저것도 배워야 했다. 퇴근 후면 드라마 릴레이가 일상이었던 내게 일주일 스케줄이 무료 강의로 채워졌다. 무료 강의를 듣고 유료 강의도 듣는다. 목적도 목표도 없이 배움의 길에 들어섰다. 공부를 싫어했던 내가 자발적으로 공부를 시작했다. 의미 없이 보내던 연말도 공부를 하며 보냈다는 뿌듯함을 선물로 받았다.

그렇게 공부에 대한 열정이 날로 뜨거워졌다. 일주일에 최소한 4일 이상의 공부가 이어졌고 덕분에 허물어질 것 같지 않던 독서의 담도 점점 허물어지고 있었다. 알라딘과 예스24를 오가며 검색한 책들이 장바구니에 쌓이기 시작했다. 택배 오는 날이 잦아졌다. 아이 장난감으로 채워졌던 책장에 책이 늘어나기 시작했다.

마흔이 넘어 시작한 공부는 속도가 나지 않아 답답하다. 이제 막 시작한 독서 속도에 속이 터진다. 마음은 급한데 속도는 나지 않고, 진즉에 공부 좀 할 걸 후회하는 날도 많다. 그럴 때마다 50~60대 강사들과 배우겠다고 눈에 불을 켜고 강의를 듣는 어르신들을 보며 '아직 나도 늦진 않았구나.' 하고 위안을 받는다.

온라인 세계에 발을 디뎠을 때 잠시 스치는 곳일 줄 알았다. 뭘 해도 인내심이 없었기에 당연하게 생각했다. 1년이 되어 가고 있다. 1년 동안 참 많은 강의를 들었다. 강의를 오픈하고 자기만의 콘텐츠를 만들어 가는 사람들을 보며 부러웠다. 실수가 두려워 멈칫하는 날 보며 답답했다. 인풋만큼 아웃풋이 되지 않아 속상했다. 그래서 배움의 끈을 놓고, 살던 대로 살아야 하나 고민도 했었다. 돈도 못 벌면서 돈만 써 대는 모습이 꼴불견이었다.

그럼에도 나는 아직 배우고 있다. 지금은 일주일에 7일이 수업이다. 다양하게 배우고 있다. 3개월 정도 강의비로 허덕이고 있지만 어쩐지 아깝단 생각이 들지 않는다. 이천 원짜리 초콜릿에는 지갑 열기를 망설이지만 강의 수강료는 그렇지가 않다. 물론 나에게 필요한 강의인지, 왜 필요한지, 어떻게 활용을 할 것인지 고민하고 또 고민하고 결정을 내린다.

프로 수강러의 삶을 살고 있다. 아직 아웃풋은 없지만 그것을 위해 기름지고 비옥한 땅을 만드는 중이다. 거름을 붓고, 햇빛을 받고, 물을 흡수한다. 이곳에 어떤 나무를 키울지, 무슨 종류의 꽃을 심을지 아직 모른다. 그러나 튼튼하고 아름다웠으면 좋겠다. 비바람에 흔들릴지언정 쓰러지지 않았으면 좋다. 오늘도 강의를 듣는다. 과제를 한다. 새로운 경험을 하고 새로운 지식을 흡수한다. 아이템 하나 습득했다고 뿌듯해한다. 좋은 땅에서 자라날 나무와 꽃을 상상한다. 나는 알고 있다. 이미 땅속에 뿌려진 씨앗이 싹틀 날을 기다리고 있다는 것을. 좋은 땅에 줄 거름을 만들기 위해 오늘도 배운다.

4. 글쓰기의 여정: 나의 이야기 찾기

 일주일에 한 번 있는 심리상담. 10회기 중 반을 지나고 있다. 배도 고프고 마침 핫도그 하나 먹을 수 있는 여유도 있다. 설탕 묻힌 모차렐라 치즈 핫도그 하나를 사 들고 가게 앞 좌판에 앉았다. 달달한 맛에 종일 쌓였던 스트레스가 날아간다. 핫도그 냄새를 맡고 온 앙증맞은 참새가 주위를 어슬렁거린다.

 한부모가족지원센터의 도움을 받아 무료 상담을 받고 있다. 지속된 무기력에서 헤어 나올 방법을 찾아야 했다. 예전의 나라면 심리상담센터의 문을 두드릴 생각을 감히 하지 못했다. '정신 멀쩡한 내가 왜 그런 곳에 가?' 사람들의 시선이 너무 두려워 마음이 아픈 나를 인정하지 않았다. 애써 감추고 또 감추기 바빴다.

몇 개월 전 시작한 글쓰기는 엄두도 못 냈던 그곳에 갈 수 있는 용기를 주었다. '내가 이곳에? 그것도 그 간판이 있는 곳에서 핫도그를 먹어?' 스스로 생각해도 미치지 않고서야 할 수 없는 일이다. 타인의 시선만을 의식하며 살아왔다. 길거리에 앉아서 핫도그를 먹는다는 건 상상조차 할 수 없는 일이었다. 그것도 지나다니는 사람들을 감상까지 하고 있다니. '오 마이 갓! 언빌리버블.'

2014년 이혼을 한 후 원래도 없던 자존감은 모조리 증발해 버렸다. 모르는 사람이 전부인 길거리를 지나면서도 눈치를 살폈다. '이혼한 나를 이상하게 쳐다보는 거 같아.', '내가 혼자 애 키우고 있다고 무시하는 거 같은데.' 고개도 들지 못한 채 어정쩡한 걸음을 재촉하는 것밖엔 할 수 있는 것이 없다. 눈치로 가득한 마음과는 달리 지인들에겐 아무 일도 없는 척한다. 아주 밝은 웃음을 지으며 괜찮다는 것을 애써 증명한다. 혹여나 속마음을 들킬까 노심초사하며 불안하지만 불안하지 않은 척 달려왔다.

'참으면 병이 생긴다.', '곪으면 터진다.' 옛말이 비수처럼 꽂혔다. 삶의 모든 것이 무기력해졌다. 만사가 귀찮다. 내 몸뚱이마저도 버겁다. 살겠다며 먹고 있는 모습도 한심하다. 7~8개월을 그렇게 살아 보니 이렇게 살다간 죽겠다 싶었다. 책임져야 할 아이를 생각하니, 이런 엄마는 진짜 싫다는 생각이 들기 시작했다.

그 생각 끝에 운명처럼 만난 것이 글쓰기였다. 치유 글쓰기. 일기조차도 방학 숙제 빼곤 써 본 적이 없다. 망설여졌지만 길게 생각하지 않고 시작했다. 가뜩이나 눈치 보는 이중 인간인데, 글쓰기는 누구에게 보여 주지 않아도 되니 딱이었다. 그러나 그건 내 생각이었다. 치유 글쓰기는 블로그에 공개로 발행해야 했다. "누가 보면 어떻게 해요? 그건 너무 쪽팔린데요." 누가 이제 시작한 블로그를 굳이 찾아와서 보겠냐는 교수님의 답이 돌아왔다. 아뿔싸. 여전히 누가 보기라도 할까 봐 불안하고 창피했다.

무슨 글을 써야 할지, 무슨 마음을 어떻게 표현하라는 건지, 막상 글을 쓰려니 손가락이 움직이지 않는다. 머리도 멍하다. 노트북 화면과 눈싸움만 한 적도 한두 번이 아니다. '모르겠다.'라는 말이 글의 절반이 차지하는 것 같다. 발행 버튼을 누르는 손가락은 왜 그렇게 말을 안 듣는지. 글 하나 발행하기가 고행의 과정이다.

하루하루 쌓이는 글의 개수만큼 마음의 찌꺼기들이 벗겨져 나갔다. 어디에도 누구에게도 말할 수 없는 마음의 이야기들을 털어놨다. 괜찮다고 생각했던 마음들이 불쑥 올라오며 힘들다고 아우성쳤다. 몰랐던 과거의 나, 숨기고 싶었던 나와 마주하는 일은 생각보다 불편하고 괴로웠다. 마주하고 싶지 않은 마음과 마주해야 하는 마음이 싸우기도 했다. 속상했다. 그러다 안쓰러워지기 시작했다. 미안함에 눈이 뜨거워져 글이 희미해졌다. 노트북을 마주하는 일은 무서웠지만 쓰고 나면 눈물 한 바가지 쏟은 것만큼이나 시원했다.

겉모습은 다를 게 없지만 마음은 참 많이도 변했다. 단단해졌다. 그렇게 의식하던 타인만을 향하던 눈길이, 꽁꽁 숨어 있던 나에게로 오기 시작했다. 더 이상 눈치 보며 걷지 않아도 된다. 더 이상 애써 밝은 척할 필요도 없다. 글자는 보이지 않던 진짜 나를 밝혀 주는 한 방울의 영양제가 되어 주었다.

글을 쓰기 시작한 지 1년 하고도 6개월이 지났다. 여전히 글쓰기는 어렵다. 한동안 쓰지 못한 적도 있다. 글을 잘 쓰고 싶은 마음보단 나다운 글을 쓰고 싶다. 나의 마음을 오롯이 담아낸 나만이 쓸 수 있는 글을 쓰고 싶다. 누구에게나 똑같은 하루가 주어진다. 그저 하루를 살아 낼지 아니면 내 삶의 한 페이지로 만들지는 순전히 나에게 달렸다. 그래서 나는! 오늘도! 글 쓰러 간다! 지금 글 쓰러 가요.

5. 나다움의 무기: 자유의 재발견

"우리는 서로를 실망시키는 데 두려움이 없는 사이가 됐으면 좋겠어요."

김이나 작가의 『보통의 언어들』에 나오는 말이다. 이 구절을 읽고 잠시 멍해졌다. 서로를 아니 누군가를 실망시키지 않기 위해 애쓴 지난날의 내가 미친 듯이 떠올랐다. 그런데 실망시키는 데 두려움이 없는 사이라니. 그런 게 가능하다고?

집에서는 부모님을 실망시키지 않기 위해 착한 딸이 된다. 학교에서는 선생님을 실망시키지 않으려 열심히 공부한다. 사회에 나와서는 상사에게 잘 보이고 직장 동료와 잘 지내기 위해 애를 쓴다. 결혼을 하면 또 어떤가? 시월드 눈치를 보느라 가자미눈이 된다.

나의 기준보다는 누군가 혹은 사회가 요구하는 다양한 기준에 맞추면서 살아왔다. 그것이 살아남는 길이라 생각했고, 당연히 그래야 한다고 생각했다. 같은 반 친구와 경쟁하고, 옆집 미영이와 비교당하고, 입사 동기의 성과를 질투하며 살았다. 남과 끊임없이 비교하며 못난 나를 자책했다. '나는 왜 이것밖에 못 할까?' 매 순간 움츠러들기 일쑤다. 자연스럽게 뭔가를 하는 것도 엄두가 나지 않는다. '이걸 해도 될까? 아냐, 하지 말자. 했다가 괜히 또….' 나에게 돌아오는 말은 압력 밥솥에 김 빠지는 소리였다. 길가에 말라비틀어진 지렁이처럼 한없이 쭈글쭈글해진다.

이혼과 파산, 손에 쥔 목숨 같은 돈을 가로채 간 보이스 피싱, 그리고 ADHD 아들. 끝도 없이 추락을 했을 때 나를 구해 줄 수 있는 것은 아무도 없었다. 울타리가 되어 준 가족도 내게 닥친 문제를 해결해 줄 순 없었다. 따뜻한 집을 내어 주고, 굶지 말라고 밥을 해 줄 순 있어도 나 대신 법원에 가고, 경찰서에 가 줄 순 없었다. 지하까지 떨어진 내 자존감을 끌어올려 줄 순 없었다. 내 문제는 내가 해결해야 했다.

타인의 시선을 의식하느라 하기 힘들었던 일들과 부딪쳐야 했다. 빚쟁이에 보이스 피싱을 당한 멍청이라는 것이 부끄럽고 창피하지만 법원에 가야 했고, 경찰서에 가서 도와 달라고 해야 했다. 내 아들이 왜 ADHD냐고 한탄하며, 누가 볼까 두려워 병원 입구에서 머뭇거리면 아이는 평생 아파하며 살아가야 한다. 이겨 내고 병원에 들어가야 한다. 타인의 시선을 오롯이 견뎌 내야만 했다. 살기 위해서. 평생 남의 시선을 의식하며 살았던 내가 한순간에 타인의 시선을 이겨 내야 한다는 건 꽤나 고통스러웠다.

배는 고픈데 타인의 시선을 의식하느라 편의점에서 컵라면 하나를 못 먹었다. 그런 내가 컵라면 하나를 먹기까지 편의점 앞에서 수천 번을 머뭇거렸다. 컵라면도 이 정도인데 법원과 경찰서는 오죽했을까. 좁쌀만 하게 쪼그라들었던 심장의 느낌이 아직도 기억난다.

그렇게 할 수 있었던 이유는 단 하나다. 해야 하니까! 법원에 가야 했고, 경찰서에 가야 했다. 정신건강의학과라는 병원에 가야 했다. 변해야 하기 때문에 편의점 컵라면에 도전했다. 참 어이없는 이유지만 나에겐 그만큼 절실했다. 이렇게 살다간 아무것도 하지 못한 채 질질 끌려다니다 생을 마감하겠구나 싶은 생각이 들었다.

편의점 컵라면이라는 누구에게는 하찮은 일이 나에겐 만리장성 같은 도전이었고, 그것을 격파한 이후로 인생이 조금씩 달라졌다. 타인만을 바라보던 내 안테나의 방향이 점점 나에게로 돌아오기 시작했다. 내가 무엇을 좋아하고, 내가 무엇을 잘하는지 도무지 찾을 수 없었는데 그것들이 보이기 시작했다. 활동적인 것을 좋아했다고 믿었던 내가 은근 집순이였다는 사실도 알게 됐다.

온통 회색이던 내 모습이 조금씩 나만의 색으로 물들기 시작했다.

눈치 보지 않고 혼밥을 하고, 눈치 보지 않고 길을 걸으며, 눈치 보지 않고 먹고 싶은 것을 말할 수 있다. 좋아하는 것을 하고, 싫어하는 것은 하지 않을 자유. 잘하는 것을 하며 새로 생긴 꿈을 향해 걸어가는 자유가 내게도 주어졌다.

김이나 작가가 말했던 '서로를 실망시키는 데 두려움이 없는 사이'가 되려면 나를 찾아야 한다. 상대방을 실망시키지 않기 위해 노력하는 것이 아니라 나를 실망시키지 않기 위해 애써야 한다. 정보의 홍수와 인공지능의 등장 속에서도 많은 사람들이 자기 갈 길을 갈 수 있는 것은 나를 알기 때문이다. 진짜 나를 찾을 때만이 나의 길을 뚝심 있게 걸어갈 수 있다. 도토리묵처럼 찰진 마음, 흔들림 속에서도 꺾이지 않는 유연함과 강직함. 나를 찾으면 가능하다. 누구도 흉내 낼 수 없는 나만의 무기를 장착하자. 이젠 꽉 닫힌 마음의 문을 열고 그 강력한 무기를 찾을 시간이다.

6. 인생: 전반전과 후반전

 출근길 아침, 매일 타는 지하철이 오늘따라 낯설다. 도봉산역에서 1호선으로 환승하기 위해 지하철 맨 앞쪽에서 대기한다. 사람들이 슬슬 몰려든다. 환승을 하기 위해 기다리는 사람들로 늘 붐비는 곳이다. 문틈이 조금 벌어지자 사람들이 움직이기 시작한다. 반쯤 열렸을 때 문 바로 앞에 사람들 먼저 뛰쳐나가기 시작한다. 다른 문에서 나온 사람들도 몰려들어 환승하는 계단이 복잡하다. 한 명, 두 명 뛰기 시작한다. 계단을 성큼성큼 내려간다. 나도 덩달아 뛴다.

 '나는 왜 뛰는 거지?', '나는 급하지 않은데, 왜 뛰고 있지?' 정신을 차려 보니 뛰고 있는 내가 보였다. 여기저기서 다 뛰니까 나도 모르게 마음이 급해졌다. 다른 사람들이 계단을 성큼성큼 내려가니 뒤처질세라 두 계단씩 뛰어 버렸다. '아… 이건 아닌데.' 어떻게 하면 저 계단을 빨리 뛰어 내려가 환승을 재빨리 할 것인가. 사람들 머릿속엔 그 생각밖엔 없는 것 같다. 위험할 수도 있지만 또 살기 위해 어쩔 수도 없는 일이다.

　일 년에 10잔도 안 마시던 커피를 언제부턴가 1일 1잔 하는 나를 발견했다. 사무실에 있는 노란 믹스커피 한 봉지. 매일 나를 유혹한다. 점심 식사 후 30분이 지나길 기다린다. 바로 마시면 철분 흡수가 안 된다는 말을 어디서 주워들어서 그건 또 지킨다. 이 커피는 왜 이렇게 달콤한지, 또 왜 그렇게 당기는지. 하루라도 책을 읽지 않으면 입안에 가시가 돋친다는 안중근 의사의 말처럼 하루에 한 잔 커피를 마시지 않으면 입안에 가시가 돋칠 지경이다.

　언제부터였는지도 모르게 매일 커피. 오늘은 안 마시겠다고 다짐을 하지만 여전히 마시고 있다. '매일 쌓이는 스트레스 때문인가?' 잠시 생각해 본 적이 있다. 달착지근한 커피를 마시며 세상의 쓴맛을 커피의 달달한 맛으로 잊으려 한 것일까? 커피를 끊어야겠단 생각에 비해 노란 봉지가 전해 오는 유혹에 매일 넘어가고 있다.

　허리 디스크로 쉬어야 한다는 생각에 일찍 잠을 청했었다. 늦어도 10시에는 잠자리에 들었던 내가 언제부턴가 자는 시간이 점점 늦어지고 있다. 12시가 넘어 피곤한 몸을 누이지만 쉽게 잠이 오지 않는다. 뒤척이다 보니 새벽 1시. 어둠이 짙게 내려 깔린 바깥은 조용하다. 정적을 깨는 남자의 전화 통화 소리가 크게 들려온다. 11층인데도 바깥에서 나는 소리가 가까이 들린다. 군대에서 휴가를 나온 모양이다. 친구를 만나고 싶은데 친구는 쉽게 나오려 하지 않는 것 같다. 언성이 조금 높아지는가 싶더니… 소리가 멀어진다.

새벽 3시, 한 아저씨가 노래를 부르신다. 무슨 노래인지는 모르겠지만 술에 취하신 듯한 느낌이 물씬 풍긴다. 비틀비틀하는 아저씨의 모습이 상상된다. 무슨 노래인지도 모르지만 계속 듣고 있으니 아저씨의 외로움도 느껴진다. 아마도 아빠의 모습이 떠올라서인 거 같다. 예전에 한창 술을 드시던 아빠도 저렇게 길거리를 걸으며 노래를 부르셨을까? 어떤 기분이셨을까. 궁금해진다.

하루 24시간이 누구에게나 똑같이 주어진다. 나이가 들수록 시간도 더 빨리 지나간다. 출근하기 싫은 월요일이 시작되면 신나는 금요일이 훅 다가온다. 시간의 속도는 나이에 비례한다는 말을 느끼는 요즘이다. 빨리 지나가는 하루, 나는 무엇을 하면서 살았을까. 되돌아보면 기억에 남는 일들이 많지 않다.

마흔 중반을 지나면서 그런 하루들이 아까웠다. 나의 하루가 쓰레기통으로 던져지는 것 같다. 하루를 사는 것이 아니라 살아 내는 것 같고 그냥 버티는 느낌이다. 하루를 온전히 느낄 수 있다면 얼마나 좋을까. 바쁜 현대인들에게 이런 말이 사치로 들릴 수도 있을 테다. 힘든 시간들을 겪어 보니 그 시간을 버티게 해 준 것 중에 하나는 추억이었다. 사람은 추억을 먹고 산다는 말도 있지 않은가.

오늘이 있어야 내일도 있고 미래도 있다. 오늘 내가 얼마나 열심히 살았는지, 오늘 내가 어떤 생각을 하고 살았는지, 오늘 나의 하루는 어떤 것들로 채워졌는지. 그 모든 것이 결국 미래의 나를 만든다. 내일 죽는 것이 정해져 있다면 나는 오늘 무엇을 할 것인가? 오늘 하루가 너무 귀해질 것이다. 그냥 버틸 것인가, 쓰레기통으로 버릴 것인가, 아니면 소확행을 만들 것인가. 나의 선택에 달려 있다. 많은 사람들이 원하는 소확행, 그것이 별건가. 하루 중 한 컷만이라도 기록해 보자. 무심코 버려 버린 하루가 확실한 소확행이 될 것이다.

7. 생각의 파워: 이루어진 미래

꽤 친한 무당 언니가 있었다. 보육교사 실습차 친정에 한 달 정도 와 있었을 때 검색으로 알게 된 집이다. 다른 무당과 달리 사람 냄새가 나서 좋았다. 한 달에 한 번 얼굴을 보러 갔다. 이혼을 하고 컴컴한 세상에 홀로 남겨졌을 때 언니가 곁에 있었다. 둘이 끌어안고 운 날도 허다하고 잔소리를 들으며 정신을 다잡기도 했다. 그 시기에 언니가 없었다면 나는 완전히 무너졌을지도 모른다.

일을 하면서 멀어지기 시작한 언니를 몇 년간 보지 못했지만 나는 불안하고 두려운 미래를 사주에 의존했다. 온라인에서 유명한 무당에게 사주를 비롯해 신년 운세, 직장 상사와의 궁합(일을 함에 있어서 잘 맞는지), 무슨 일을 하면 좋을지, 언제 조심해야 할지, 언제까지 힘들어야 하는지, 모든 것을 물어봤다. 그리고 그 답변에 의존하는 하루하루를 보냈다. 그러다 또 불안해지면 질문을 하고, 답변에 마음을 안정시켰다. 그렇게라도 해야 불안하고 두려운 마음을 잠시나마 떨칠 수 있었다.

"힘들어. 뭘 해도 안 돼. 사주에 돈이 말랐어." 지푸라기라도 잡는 심정으로 점집을 방문했을 사람에게 이런 말은 절망일 테다. 어차피 뭘 해도 희망이 없으니 사형선고나 다름없다. 이런 말을 들은 사람은 정말 평생 돈 없이 가난하게 살았을까? 땡! 돈이 넘쳐 나지는 않지만 잘살고 있다. 자기 사업으로 고생 좀 했지만 자수성가해서 아주 잘살고 있다.

"가난하게 태어난 것은 당신의 잘못이 아니지만 가난하게 죽는 것은 당신 책임이다." 빌 게이츠가 한 말이다. 처음에 이 말이 이해가 되지 않았다. 타고난 사주팔자가 엉망이면 가난하게 죽는 것이 당연한 거 아닌가? 뭘 해도 안 되는 사람은 어쩌라는 거지? 그럼 나는 정해진 대로 살다가 정해진 대로 죽는 건가? 이 생각에까지 다다랐을 때 움찔했다. 정해진 대로 살 거면 뭐 하러 애를 쓰고, 뭐 하러 죽어라 일을 하지? 어차피 정해진 대로 살 텐데. 허탈했다. 찬바람이 마음을 휘감았다.

2년여가 지나고 나는 작가라는 타이틀을 얻었다. 꿈에서도 상상해 본 적이 없다. 글을 쓸 줄도 모르고, 글을 즐겨 쓰지도 않았다. 그 흔한 일기도 방학 숙제 외에는 써 본 적이 없다. 그런 내가 작가가 되었다. 마흔이 한참 넘어 갑자기 글을 쓰고 싶단 생각을 했다. 뜬금없이 아주 갑자기. 정작 글을 쓰지도 않으면서 생각만 했다. 작가가 되어 책을 품 안에 안는 모습, 북 콘서트를 하는 모습, 나처럼 힘든 사람들을 모아 놓고 강연을 하는 모습을 상상했다. 비행기를 타고 우주에 가고 싶다는 아이의 상상처럼 나만의 상상의 날개를 마구 펼쳤다. 행복했다. 웃음이 절로 나왔다.

"모든 변화는 내 생각이 바뀌는 순간부터 시작된다. 하루에도 오만 잡다한 생각이 스쳐 지나가지만, 내 감정은 내가 어떤 생각을 선택하느냐에 따라 바뀐다." 조성희 작가의 『더 플러스』에 나오는 내용이다.

오만 가지 생각이라는 말이 있다. 우리는 하루에 그렇게 많은 생각을 한다. 인식하지도 못하는 생각들이 하루 종일 나의 머릿속을 시끄럽게, 슬프게, 행복하게 만든다. 만약 내가 내 생각을 알아차린다면 어떻게 될까? 불안과 두려움 또는 안 된다는 부정적인 생각들을 조금은 긍정적인 생각으로 바꿀 수 있지 않을까. 내려간 입꼬리를 올린다면 울상이던 내 표정은 웃는 상으로 변화한다.

조성희 작가의 말처럼 내 감정은 내가 어떤 생각을 선택하느냐에 따라 변할 수 있다. 정해진 것이 아니라 선택하는 것이다. 사주가 그렇기 때문에 내 인생이 그 모양 그 꼴인 것이 아니다. 내 인생의 주인공은 '나'이다. 내 인생을 만들어 가는 것도 '나'이다. 성공한 인생, 행복한 인생을 살고 싶다면 그런 삶을 상상하자. 이미 그렇게 살고 있는 내 모습을 떠올리고 행복한 감정을 맘껏 느껴 보자.

사주는 정해져 있을지언정 팔자는 바꿀 수 있다. 생각한 대로 이루어진다. 어떤 삶을 살지 선택은 언제나 내 몫이다. 결정했다면 출발해 보자.

8. 돈과의 관계: 사랑의 시작

"돈을 쫓으면 안 돼. 돈은 따라오는 거야."
"성공한 사람도 다 고민이 있고, 행복하지도 않아."

부자가 되고 싶단 생각을 할 때 반사적으로 떠오르는 생각들이다. 어디서 들었는지 기억나진 않지만 누군가 돈 이야기를 할 때 조언이랍시고 했던 말들이다. 돈도 없고 부자이지도 않은 내가 뭐라고 저런 말을 했을까? 조언은 돈 좀 벌어 본 사람이 해야 하는 것 아닌가? 생각해 보니 웃음이 난다.

돈을 쫓으면 안 된다고, 돈은 따라오는 거라고 철석같이 믿었지만 돈은 따라오지 않았다. '나중에 따라오겠지…' 생각만 하다가 나이만 홀딱 지났다. 감나무 밑에서 감이 떨어지기만을 기다리는 사람 같다. 감나무를 흔들거나, 도구를 이용해 감을 떨어뜨려야 먹을 수 있을 텐데, 언제까지 기다리기만 할 것인가.

그럼에도 돈을 쫓으면 안 된다고 말하는 것은 돈을 밝히는 사람이 되고 싶지 않아서이다. 그렇게 교육을 받았다. 돈 이야기를 하면 돈을 밝히는 사람이 되고, 돈을 밝히면 주위 시선이 따갑다. 돈 이야기 자체를 조심해야 하는 것으로 교육받았고, 사회 분위기가 그랬다.

"나 돈 좋아해!" 누군가 이렇게 말하면 듣기만 해도 낯이 뜨겁다. '어떻게 이 말을 이렇게 당당하게 하지?'라는 생각에 그 사람이 이상하게 보이기까지 한다. 그러나 솔직히 그렇게 말하는 사람이 부럽다. '나도 돈 좋아해. 부자가 되고 싶어!' 마음속에서만 외칠 뿐이다. '돈이 인생의 전부는 아니잖아.' 겉으론 고상한 척 굴지만 부자를 부러워한다. 돈을 밝히지 않는 청렴한 한국인이라는 것을 자랑스럽게 여긴다.

"나는 부자다!" 이렇게 매일매일 외치면 부자가 된다고 했다. 끌어당김의 법칙에 의해서 말이다. 소리 내어 말하긴 민망해 마음속으로 매일 속삭였다. '나는 부자다. 나는 부자다.'라고 매일 마음속으로 외쳤다. 마음 한쪽에선 '그래, 나는 부자야.'라고 생각만 해도 좋았다. 또 한쪽의 마음은 '내가 무슨 부자야. 잘하는 것도 없는데 어떻게 부자가 돼.' 하고 있을 수 없는 일이라며 부자라고 외쳤던 마음을 비웃었다.

"돈에 대해 두려움과 죄악감을 느낀다면 절대로 돈을 벌 수 없다. 돈을 벌기 시작하는 순간 자기 스스로 제동을 걸어 버리기 때문이다." 간다 마사노리의 『비상식적 성공 법칙』 여섯 번째 습관에 나오는 내용이다.

내가 부자와 다른 점은 흙수저, 금수저이기 때문이 아니다. 타고난 사주팔자 때문이 아니다. 내가 잘못 살아서는 더더욱 아니다. 돈에 대한 생각, 돈을 바라보는 눈, 돈을 대하는 태도가 다르기 때문이다. 부자들은 돈 그 자체를 좋아한다. 돈을 사랑하는 사람 바라보듯 애정 듬뿍 담긴 눈으로 바라본다. 편안한 마음으로 돈을 대한다.

반면 나는 어떠한가? '돈은 밝히면 안 돼.', '돈을 많이 벌면 세금도 많이 내야 하는데….', '돈이 많으면 주변에 쓸데없는 사람이 꼬일 거야.', '돈이 많으면 사기꾼들의 타깃이 될 수도 있어.' 이런 생각을 하는 나. 돈이 달려오고 싶어도 달려오기 싫어질 것이다.

살기 위해선 돈이 필요하다. 당장 생명과 직결된 먹고사는 문제도 돈 없이는 해결하기 힘들다. "돈이 돈을 부른다."라는 말이 있다. 돈은 내가 부자인지 가난한지 알지 못한다. 눈도 없는데 어떻게 알겠는가. 단지 돈은 돈이 있는 곳으로 모인다. '지금 나는 돈이 없는데….'라고 생각할 것이다. 돈이 없으니 이제부터라도 돈을 끌어들여야 한다. 생각을 바꿔야 한다. 입으로만 부자가 되고 싶다고 말하는 것이 아니라 마음까지도 부자가 되고 싶다고 말해야 한다.

 부자가 된 상상을 자주 하자. 상상만 해도 행복한 그 기분을 실컷 느껴 보자. 꾸준히 오래. 부자가 되어서 무엇이 하고 싶은가. 한계를 두지 말고 마음껏 상상해 보자. 마음속의 불편함을 싹 날려 버릴 수 있도록. 자주, 꾸준히, 실컷.

9. 보이지 않는 것의 중요함: 무형의 깊이

헬렌 켈러는 어린 시절 병으로 시각과 청각을 모두 잃었다. 평생을 어둠과 침묵 속에서 살아야 했다. 그러나 그녀는 자신의 장애를 극복하고, 세상을 위해 많은 일들을 이뤄 냈다. 설리번 선생님의 도움으로 언어를 배우고 소통하는 법을 배우며 세상 밖으로 나왔다. 그녀는 장애인들을 위해 일생을 바쳤으며, 마음의 눈을 통해 새로운 세상을 열어 갔다.

세상을 바라볼 때, 우리들은 대개 눈이 가장 먼저 만나는 것들이 중요하다고 생각한다. 그러나 내가 보는 것이 정말로 전부일까? 눈에 보이는 것은 중요하지만, 그 뒤에 숨겨진 것들이 더 중요한 경우가 많다.

코로나19 이전에 가 보고 한동안 가 보지 못한 제주도가 텔레비전에서 나올 때마다 탄성이 자동적으로 반응한다. "우와. 가고 싶다.", "너무 예쁘다. 너무 멋있다." 눈으로 본 제주도의 아름다운 풍경에 시선은 고정된다. 그러나 진짜로 제주도 바다 앞에 서 있다면 그 풍경에만 매료될까? 내가 좋아하는 파도 소리, 밀려난 파도 뒤에 자글자글 모래 소리, 살을 스치는 차가운 바람, 시커멓게 쌓인 스트레스가 행복으로 바뀌는 느낌. 눈으로는 절대 볼 수 없는 것들이다. 보이는 것, 그 이상의 것들이 기다리고 있다.

또 다른 예를 들어 보면, 가족과 혹은 친구와 함께 시간을 보낼 때, 얼굴과 목소리만 보고 듣는 것이 중요할까? 아니면 감정과 생각, 그리고 소통, 공감 등 무언가 연결되어 있다는 그 순간의 의미가 중요할까? 단순히 시각, 청각만으로는 진정한 의미를 찾기 어렵다.

이제 6학년이 된 아들이 2학년 때, 가끔 친구들에 대해서 이야기할 때가 있었다. "엄마, 그 애는 뚱뚱해서 싫어.", "엄마, 그 친구는 자꾸 이상한 옷을 입고 와." 어리니까 그런 말을 할 수 있다고 생각한다. 그럴 때면 나는 이렇게 물었다. "뚱뚱하지만 연필도 빌려주고, 지우개도 빌려주는 착한 친구가 있어. 그리고 잘생겼는데 친구들을 도와주지도 않고 괴롭히는 친구가 있어. 너라면 어떤 친구랑 놀고 싶어?"

아이들 세계에서만의 일은 아니다. 번듯한 외모에 비싼 자동차를

끌고 다니는 사람에게 사기를 당한 사람이 한둘이 아닌 걸 보면 겉모습만으로 평가하는 사람들이 꽤 많다. 나도 한때 겉모습만으로 사람을 평가했었다. 말끔하게 잘 입고 다니면 친해지고 싶고, 그렇지 않으면 곁에도 가지 않았었다. 그러다 된통 뒤통수를 맞은 적이 있다. 윤기가 번지르르하게 감도는 사과를 깨물었다가 애벌레를 문 셈이다. 생각만 해도 끔찍하다. 겉모습도 중요하지만 진짜는 겉이 아니라 속을 봐야 한다.

어떻게 하면 사람의 마음을 볼 수 있을까? 뒤통수를 맞고 꽤 고민한 적이 있다. 마음의 눈을 열어야 하는데 꽉 닫힌 마음의 눈을 열기가 맨땅에 헤딩하는 느낌이었다. 도저히 감이 잡히지 않았다.

"가장 중요한 것은 눈에 보이지 않는다." 『어린 왕자』에 나오는 말이다. 여행을 하면서 만나는 다양한 것들에 대한 소중함. 작은 것들 속에서 발견하는 의미. 『어린 왕자』를 읽으면 우리가 그토록 외치는 소확행이 무엇인지 알게 된다. 가장 중요한 것이 왜 눈에 보이지 않는지 알게 된다. 소소하고 확실한 행복은 거창한 것이 아닌데, 왜 그렇게 찾으려고 애를 쓸까.

그건 바로 내가 나를 잃어버렸기 때문이다. 옛날로 거슬러 올라가지 않아도 부모님들은 나를 이웃집 철수, 영희와 비교한다. 형제자매가 있다면 "오빠는", "누나는", "형은"이라는 말로 늘 비교한다. 타인과의 비교가 익숙하다. 항상 타인과 비교하면서 타인의 것을 부러워한다. 나는 늘 못났고, 다른 사람은 늘 잘났다. 내가 하는 일은 맨날 이 모양 이 꼴이고, 남이 하는 일은 대박이 난다.

　다른 사람만 보고 있으면 나는 보이지 않는다. 내가 나를 잘 알아야 남도 보이고 세상도 보인다. 소크라테스도 "너 자신을 알라."라고 말했다. 나와의 대화를 통해 마음속 목소리를 들어야 한다. 내가 원하는 것이 무엇인지 관심을 기울여야 한다. 진짜 나를 찾아야 진짜 남도 찾을 수 있다. 오늘부터 진짜 나를 찾기 위해 나에게 하루 10분만 관심을 가져 보자. 눈에는 보이지 않는 진짜를 보는 나를 만나게 될 것이다.

10. 가장 젊은 날: 오늘을 살아가는 나

'아줌마'라는 세 글자에 세상이 무너졌다. 아줌마라는 세 글자가 이렇게 위력이 대단했단 말인가. 내 나이 마흔다섯, 그나마 만 나이 때문에 한 살이 줄었다. 그런데도 아줌마라는 호칭이 여전히 어색하고 싫다.

나이 먹는 것에 크게 동요한 적이 없었다. 스물아홉 살에서 서른 살이 될 때도, 서른아홉 살에서 마흔 살이 될 때도 그랬다. 그저 여느 날처럼 하루가 지날 뿐이었다. 친구들은 앞자리 숫자가 바뀐다며 꽤나 난리법석이었다. 울고 싶다, 우울하다며 단체 카톡방에 강력 태풍이 몰아쳤다. 그러나 나에겐 그저 하루가 지나가는 평범한 일상에 지나지 않았다. 마흔셋이 된 그때도 그랬다.

동안이라는 말을 꽤 많이 듣는다. 간혹 30대 미혼으로 보는 사람들도 있다. 좋은 유전자를 물려주신 부모님 덕이다. 잘 꾸미지도 못하고 편하게 다니는 것을 좋아하다 보니 더 그럴 수도 있다. 암튼 나는 동안에 익숙한 사람이다. 그 맛에 풍당 빠져 있는 사람이다. 동네에서 길 가던 꼬마 아이가 "아줌마."라고 부르기 전까지 아줌마라는 단어는 다른 나라 언어였다. 그 아이가 "아줌마."라고 불렀을 때 당연히 나는 아닐 것이라고 생각하며 태연했다.

거울을 보니 '아줌마'라는 단어가 내 세상으로 들어왔다. '내가 어딜 봐서 아줌마야!' 머리를 이리저리 들추니 하얀 새치가 보인다. 유난히 발달된 광대 위에 꺼뭇꺼뭇한 잡티와 기미들이 자리 잡았다. 주름진 이마와 목, 자글자글한 눈가, 깊게 팬 팔자 주름까지. 오늘따라 아줌마 종합 세트가 거울 속에서 나를 반기고 있다. '너도 아줌마야! 아줌마!'

며칠 동안 아줌마라는 세 글자에 하루하루가 우울했다. 아줌마라는 단어가 머릿속을 빙빙 돌며 헤집고 다녔다. 거울을 보는 횟수가 많아졌고, 아줌마 종합 세트를 뜯어보는 일이 잦아졌다. 슬펐다. 허무했다. 세상이 온통 회색빛이었다. 동안이라는 말을 들어도 귀에 들어오지 않는다. '입에 침이나 바르고 거짓말하세요.' 속으로 되받아친다. 내가 아줌마인 세상은 인정하고 싶지도 인정할 수도 없었다.

세월은 비껴갈 수 없다. 마음은 삼천배를 열 번 스무 번이라도 해

미래로의 초대 | 159

서 세월을 비껴가고 싶지만 그건 마음에만 간직해야 할 일이다. 일곱 살쯤 되어 보이는 그 아이한테 나는 아줌마가 맞다. 어딜 봐서 내가 아줌마냐고 물어볼 일도 아니다. 아줌마를 아줌마라고 한 것일 뿐, 아줌마임에도 아줌마임을 부정하는 내가 잘못된 것이다.

아무리 기도를 하며 부정해 봤자 기미와 잡티가 없어져 뽀샤시한 얼굴이 될 것도 아니요, 회춘이라도 한 듯 흰머리가 검어질 것도 아니다. 자글자글한 곳곳의 주름과 깊게 팬 팔자 주름이 하루아침에 짱짱하게 펴질 일도 없다.

몇 날 며칠 우울한 마음으로 나이 듦에 대해 한탄해 봤자 내가 어떻게 할 수 있는 일이 아니다. 내 영역이 아니다. 우울함과 한탄스러움이 지속될수록 몸 안에 쌓아 둔 행복 호르몬 세로토닌을 갉아먹는 것밖에 안 된다. 수면의 질이 좋지 못해 멜라토닌도 부족하고 그로 인해 세로토닌도 부족한 마당에… 그런 곳에 나의 행복 호르몬을 낭비할 순 없다.

난 아줌마다. 그래 아줌마다. 대한민국 아줌마.

한 살 어려진 마흔다섯이 된 지금. 아줌마라는 세 글자는 아직도 낯설고 싫다. 주위에서 불러 주는 사람이 없으니 무뎌지고 적응될 틈도 없다. 아들마저도 엄마가 제일 예쁘다고 아줌마는 싫다고 한다. 언제쯤 아줌마라는 세 글자와 막역하게 지낼 수 있는 친구가 될

지 아직 기약은 없다.

 다행인 것은 3년 전 꼬마 아이가 불러 준 아줌마는 혼란과 불안의 격동기를 거쳐 안정기를 찾아가는 중이다. 지하철에서 자리가 나면 기똥차게 가방을 던져 자리를 잡는, 우리들의 얼굴을 찌푸리게 만드는 추한 아줌마. 그런 아줌마는 되고 싶지 않다. 자리를 양보하며, 튼튼한 두 다리로 서 있을 수 있는 건강한 아줌마가 되고 싶다.

 과거를 들추며 아픔에서도 지혜를 발견하고, 기억을 음미하며 추억을 보살피는 아줌마. 글자에 스며들어 책을 읽고 마음을 다스리는 아줌마. 특유의 냄새로 후각 망울을 자극하는 커피를 오감으로 마시며 바람을 느끼고 햇빛을 받아들이는 아줌마. 상처받았던 마음을 어루만지며 새살을 돋게 만들고, 타인의 상처에 소독약을 발라 주는 아줌마 말이다. 그런 아줌마가 되기 위해 오늘도 글을 쓰며 나를 찾아간다. 내 인생의 가장 젊은 날일 오늘을 글자 속에 살포시 담아 본다.

에필로그

나다운 삶을 찾아 여행을 떠나자

　초등학교 때 나의 꿈은 무엇이었을까? 꿈이 무엇이었는지 생각나지 않는다. 5학년 때 글씨를 꽤나 못 썼던 나는 꿈보다는 예쁜 글씨를 쓰는 친구들이 부러웠다. 당시에는 바른 글씨를 쓰는 학생들에게 주는 상이 있었다. 바른 글씨 상, 예쁜 글씨 상, 그런 비슷한 이름이었던 것 같다. 나는 그 상이 꽤나 탐났었다. 아마도 삐뚤빼뚤한 나의 글씨가 마음에 들지 않았기 때문이었을 것이다.

　친구들 글씨 중 가장 예쁜 글씨를 찾았다. 마침 짝꿍이었던 친구의 글씨가 정말 예뻤다. 그때부터 그 친구를 관찰하기 시작했다. 글씨 모양, 글씨 쓰는 모습을 뚫어져라 보았다. 한 획, 한 획 어떻게 쓰는지 눈에 새겼다. 그리고 느린 속도로 똑같이 따라 했다. 워낙 못 쓰는 글씨였기에 친구의 글씨를 따라 하는 게 쉽진 않았지만 깍두기 공책에 참 열심히도 따라 썼던 기억이 난다.

그리고 몇 개월 후 있었던 예쁜 글씨 쓰기 대회에서 나는 상을 받았다. 담임선생님께서 엄청난 변화라고 칭찬까지 아끼지 않으셨다. 나에겐 몇 장 안 되는 초등학교 기억 중에 하나다. 그때부터 나는 닮고 싶고 따라 하고 싶은 친구들의 모습이 하나둘씩 생겼다. 공부 잘하는 친구가 부러웠고, 키 큰 친구가 부러웠다. 말 잘하는 친구, 인기 많은 친구, 옷 잘 입는 친구. 부러운 것이 점점 많아졌다.

전혀 알지 못했다. 내가 다른 사람들과 비교하고, 다른 사람들을 부러워하고 의식하면서 살았다는 것을. 그저 소심하고 내성적이고 수줍어서 그런 줄 알았다. 암흑 같은 힘든 시기가 지나고 마흔이 넘어서야 그것을 알았을 때, 나는 기뻤다. 적어도 타고난 것이 아니기에 조금이라도 고칠 수 있지 않을까 하는 기대 때문이었다.

변하고 싶었다. 이렇게 계속 살긴 싫었다. 어디서든 내 의견을 잘 말하고 싶었고, 남들처럼 나도 잘하는 일을 찾고 싶었다. 남을 바라보며 부러워하는 그 마음을 거두고 싶었다. 타인의 시선에서 벗어나 당당하게 행동하고 싶었다. 정말 그렇게 변하고 싶었다. 시간이 지날수록 그 마음은 간절해졌다.

2023년 3월 나는 작가가 되었다. 꿈에도 상상해 본 적 없는 일이 벌어졌다. 변하고 싶었던 마음이 만나게 해 준 글쓰기. 그것이 나를 변화시켰다. 방학 숙제 일기를 제외하곤 글을 써 본 적도 없던 내가 작가라니. 아직 어색하지만 벌써 두 번째 책을 쓰고 있다. 2022년

10개월 정도 생애 첫 꾸준한 글쓰기를 하면서 많은 것들이 달라졌다. 마흔이 넘도록 알고 있던 나와는 너무 다른 내가 튀어나왔다. 마음 한쪽 구석에 숨겨져 있던 내가 글자를 통해 마음 밖으로 모습을 드러냈다.

타인과 비교하고 부러워하고 의식하던 마음이 나를 바라보기 시작했다. 타인에게 맞춰져 있던 안테나가 나에게로 방향을 틀기 시작했다. 남을 의식해 제약이 많았던 말과 행동에 변화가 생겼다. '자유란 이런 것이구나!' 생애 첫 자유를 얻었다.

내가 무엇을 잘하는지, 내가 무엇을 좋아하는지, 내가 무엇을 하고 싶은지 조금씩 알게 되고, 알아 가는 중이다. 학창 시절에도 없던 꿈이 생겼고, 그 꿈으로 가는 길이 설렌다. 호기심은 많으나 인내심이 부족해 이것저것 기웃거리던 내가 2년째 글을 쓰고, 독서와 공부를 꾸준히 하고 있다. 예전 같았으면 벌써 그만두었을 텐데 이젠 시간이 흐를수록 그 열망이 더 강해지고 있다.

나를 찾는다는 것은 중요하다. 남과 비교하며 경쟁하기에 바쁜 현대인들에게 더욱 필요한 일이다. 시대가 변했다. 지금은 무엇이든 재능이 될 수 있는 시대다. 예전처럼 뼈 빠지게 직장에 헌신한다고 언제까지 그것이 보장되는 시대가 아니다. 나만의 것이 중요하다. 나다움, 나만의 차별성 말이다. 진짜 나를 찾아야 지치지 않고 신나게 나의 삶을 살아갈 수 있음을 꼭 기억해 주면 좋겠다.

마지막으로 감사 인사를 전하고 싶다. 결혼을 기점으로 하락세를 탔던 나의 인생은 이혼을 기점으로 완만한 상승세를 타고 있다. 특히 좋은 사람을 많이 얻었다. 일기도 안 써 본 나에게 책을 쓸 수 있도록 인생 최고의 선물을 해 주신 이재연 교수님, 긍정적인 마음과 열정을 가르쳐 주신 오수아 작가님, 많은 잠재력을 끌어내 주신 박종국 국장님, 자신 없는 글쓰기에 힘을 보태 주신 진순희 대표님, 글쓰기를 나의 콘텐츠로 만들어 준 업글쌤에게 감사드린다.

일흔이 넘은 나이에도 일을 하시며 성실의 모범을 몸소 보여 주신 아빠, 힘들지언정 딸에게 힘든 내색도 안 하고 가족을 위해 희생하신 엄마에게 진심으로 감사하다는 말씀을 전하고 싶다. 두 분이 아니었다면 지금 이렇게 글이란 걸 쓰는 날이 오지 않았을 것이다. 내가 새로운 꿈을 꿀 수 있도록 든든한 울타리가 되어 주신 두 분에게 온 마음을 다해 사랑한다는 말을 하고 싶다. 그리고 누나 대신 장남 노릇 하는 든든한 동생, 살갑고 착한 올케에게도 고마움을 전한다.

마지막으로 부족하고 서툰 나를 진짜 어른으로, 성장하는 엄마로 만들어 준 아들, 엄마가 제일 예쁘다며 많은 사랑을 퍼부어 줘서 고맙다는 말을 꾹꾹 눌러 담아 전하고 싶다. "아들 사랑해!"

일상에 지친 많은 사람들이 살맛나는 하루하루를 살았으면 좋겠다. 내가 겪는 모든 경험은 나에게 필요하기 때문에 일어난다는 말을 최근에 깨달았다. 이혼과 파산, 보이스 피싱, 뒤통수, ADHD로 마음이 아픈 아들까지. 원망스럽고 비참한 경험이지만 지금의 나를 만들어 준 귀한 경험임을 이제야 인정한다.

지금, 이 시간, 어디에선가 자신에게 닥친 현실을 애써 부정하며 아파할 많은 사람들이, 나의 글을 보며 '희망'이라는 두 글자를 마음에 담길 기대해 본다.